Mapping

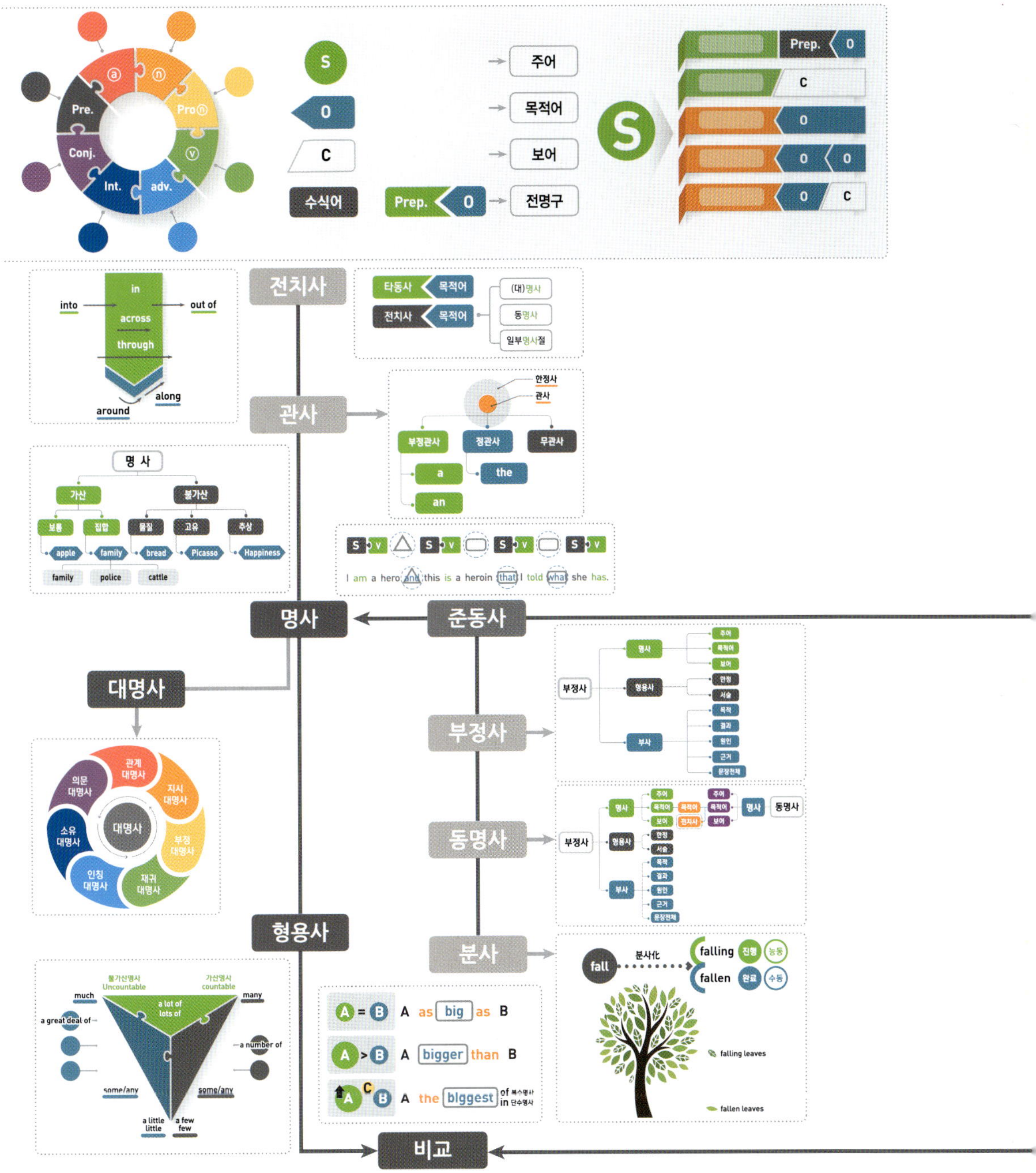

a
n
Pre.
Pro n
v
Conj.
Int.
adv.
S
O
C
수식어
주어
목적어
보어
Prep.
O
전명구
S
Prep.
O
C
O
O
O
O
C
in
into
out of
across
through
along
around
전치사
타동사
목적어
전치사
목적어
(대)명사
동명사
일부명사절
관사
한정사
관사
부정관사
정관사
무관사
a
the
an
명 사
가산
불가산
보통
집합
물질
고유
추상
apple
family
bread
Picasso
Happiness
family
police
cattle
S
V
I am a hero and this is a heroin that I told what she has.
명사
준동사
대명사
부정사
부정사
명사
형용사
부사
주어
목적어
보어
한정
서술
목적
결과
원인
근거
문장전체
관계 대명사
의문 대명사
지시 대명사
대명사
소유 대명사
부정 대명사
인칭 대명사
재귀 대명사
동명사
부정사
명사
형용사
부사
명사
동명사
형용사
불가산명사 Uncountable
가산명사 countable
much
many
a great deal of
a lot of
lots of
a number of
some/any
some/any
a little
little
a few
few
분사
fall
분사化
falling
진행
능동
fallen
완료
수동
falling leaves
fallen leaves
A = B
A as big as B
A > B
A bigger than B
A the biggest of 복수명사 in 단수명사
비교

강조
I met the girl on the stadium
It be I that met the girl on the stadium
It be the girl that I met on the stadium
It be on the stadium that I met the girl
도치
S 부정어 V
부정어 V' S V ~
의문문 어순
일치
주어
1. 전명구
2. to 부정사
3. 분사구
4. 관계사절
5. 동격 that
동사
대과거 had gone
과거 went
현재 go(es)
미래 will go
과거진행 was going were going
현재진행 am going are going is going
미래진행 will be going
과거완료 had gone
현재완료 have gone
미래완료 will have gone
과거완료진행 had been going
현재완료진행 have been going
미래완료진행 will have been going
S V O
O be+p.p. by S
S be+p.p. IO DO
DO be+p.p. IO by S
IO be+p.p. DO by S
S V O C
O be+p.p. to C by S
S 완전 자동사 Prep. O
불완전 자동사 C
A B
A 접속사 B
A B
관계대명사
자동사
Do you know the girl who came here yesterday?
1. 접속사 + 대명사 → 관계대명사
2. 관계대명사 이후 문장은 불완전하다.
시제
태
동사
관계사
의문사
접속사
부사절을 이끄는 접속사
명사절을 이끄는 접속사
조동사
법
타동사
당위성
S insist that S + (should) R
주절 이전의 사건
S insist that S + ≥ V
대과거 과거 현재 미래 대미래(?)
If S should, were to S 조동사의 현재, 과거 + R 희박한 가능성 미래에 대한 반대
If S R(s/-es) S will + R 현재, 미래 상상, 가정
If S R(-ed) S + R 현재 사실 반대 가정
If S had + p.p. S + have p.p. 과거 사실 반대 가정
S 완전 타동사 O
수여 동사 O O
불완전 타동사 O C
수 식
부사 형용사 명사 한정 서술
부사
동사
문장
부사

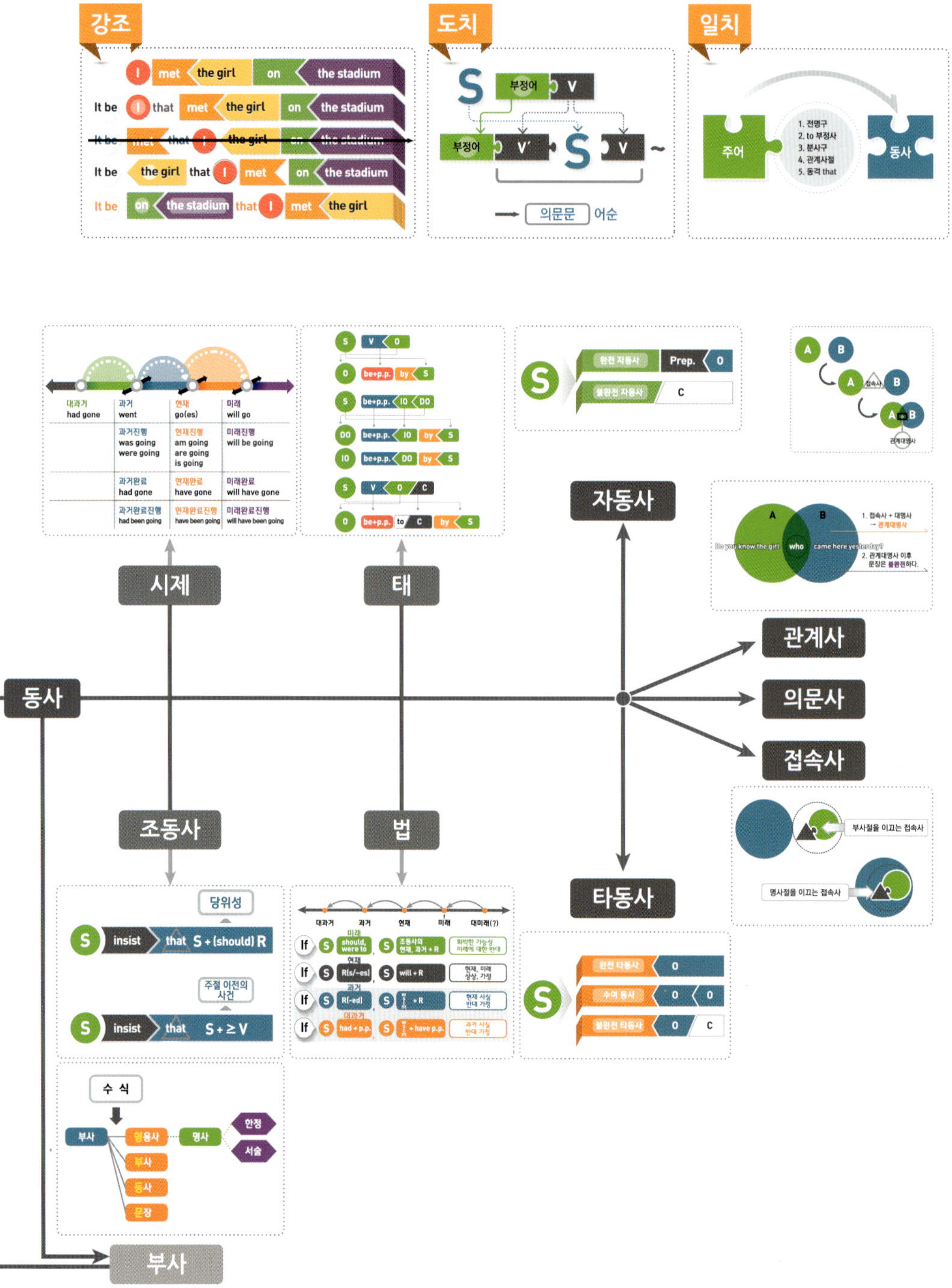

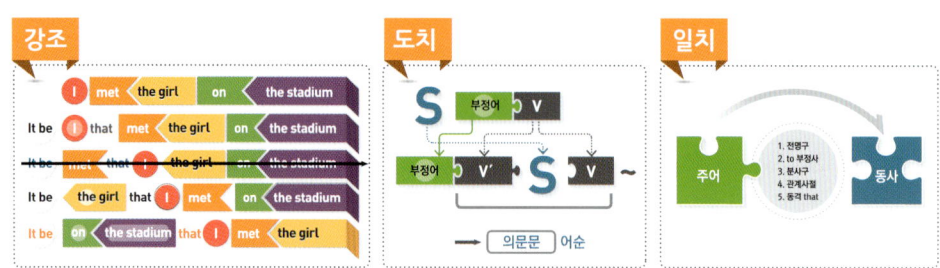

이미지로 완성하는 공무원 영어 핵심 이론

문법 Visual G

Preface

암기 최소화, 공무원 영어 기본 핵심 문법 Visual G
수험영어의 본질은 빠르게 읽고 정확히 푸는 것입니다.

Q: 영어, 꼭 문법을 해야하나요?
A: 읽기를 위한 문법이 필요합니다.

공시영어는 2025년 전환기를 겪었습니다. 언어의 가장 본질적인 목표인 '읽고 이해하는 능력'을 평가하기 위해 가장 언어의 목적에 부합하는 본질적인 방향으로 바뀌고 있습니다.

영역	2023년 평균	2025년 기출 문제
어휘	4문항 (밑줄 + 빈칸)	2문항 (빈칸)
생활영어	3문항 (빈칸 + 대화)	2문항 (빈칸)
문법	3문항 (밑줄 + 문장 + 영작)	3문항 (빈칸 + 밑줄)
독해	10문항	13문항 (기존 유형 + 신유형)

* 2024년도 공시시험은 인혁처의 출제기조변화 발표가 선반영되어 통계에 제외하였습니다.

이는 이미 인사혁신처의 2023년도 발표 이전부터, 최근 몇 년간의 문항을 통해서 '조용하게' 진행되는 변화였습니다. 이 변화를 수험장에 직접 입실해서 시험에 임하면서 몸소 체험해왔고, 이를 위한 준비를 차곡 차곡 쌓아서 준비한 '암기 최소화, 공무원 영어 기본 핵심 문법 Visual G'입니다.

수험영어의 본질인 '빠르게 읽고 정확히 푸는 것'을 위한 첫 번째 단계는 바로 '문법'입니다. 놀랍게도 언어 능력 습득의 가장 최우선의 조건은 '문법'입니다. 현존하는 언어학에 가장 큰 영향을 미친 언어학자 노암 촘스키(Noam Chomsky) 교수는 생성문법(Generative Grammar) 이론을 통해 언어를 이해하고 생산하는 데 가장 중요한 영역이 '문법 구조 이해'라고 명백히 제시하고 있습니다.

이는 '읽기'가 중요해진 수험영어에서 반드시 주목해야 할 부분입니다. 읽기를 위한 필수적인 문법이 기반이 되어야 빠르고 정확한 독해로 인한 '점수화'가 가능한 것은 명확한 사실입니다.

Q: 읽기 위한 문법과 그냥 문법과 다른가요?
A: 읽기 위한 문법은 다릅니다, 직관적입니다.

기존에 공부해왔던 문법, 즉 어법성 판단을 위한 문법의 예를 들어보겠습니다. 실제로 문장 내의 is에 밑줄이 제시되어 있다면 우리가 떠올려야 하는 것은 #시제 #수일치 #should 생략 #준동사 등 다양합니다. 문장이 '틀릴 수 있다'는 가능성은 수험생으로 하여금 문법상 판단을 위한 다양한 '경우의 수'를 떠올리게 합니다. 이 부분이 수험생들이 어려워하는 부분입니다. 당연히 다양한 전략과 훈련 그리고 암기가 동반되어야 합니다.

어법을 위한 문법: Mendacity is bad behavior.

- should 생략: be
- 준동사: being
- 시제: was
- 수일치: are

그러나 읽기를 위한 문법은 직관적입니다. 읽기를 준비하는 우리는 'is'를 문장에서 본다면 단지 '='로 이해하면 됩니다. 즉, 우리는 문장에서 be동사를 만나면 그냥 '등가'로 이해하면 됩니다.

읽기 위한 문법: Mendacity is bad behavior.
$$=$$

혹여 'mendacity'라는 단어를 모른다고 가정하더라도, 그건 단지 'bad behavior(나쁜 행동)'일 뿐입니다. 읽기를 하는 과정에서는 'mendacity = 나쁜 행동'이라고 보고, 이어서 글을 읽어내려가면 됩니다. 우리는 이 '암기 최소화, 공무원 영어 기본 핵심 문법 Visual G'를 통해 이렇게 글을 읽는 방법을 직관적으로 학습하게 됩니다.

Q: 문법은 너무 어려워요...!
A: 볼 수 있다면 이해할 수 있습니다.

이 교재를 마주하는 독자 여러분 중 영어를 처음 접하시는 경우는 드물것이라 여겨집니다. 오랜만에 영어를 다시 시작하실 수는 있지만, '단 한 번도 영어를 경험한 적이 없다'는 아니실 것입니다. 브랜드, 영화, 광고, 간판 등 우리 주위에는 많은 영어 매체가 있으며, 중고등학교 시절에 영어는 필수 과목이기도 합니다. 그러나 현재와 과거의 영어는 어렵습니다. 손이 가지 않습니다. 눈길도 가지 않습니다. 그러나 '암기 최소화, 공무원 영어 기본 핵심 문법 Visual G'는 눈길만 주시면 됩니다. 기존에 공부했던 텍스트로 공부하는 영문법이 아닌 이미지를 이용한 영문법입니다. 이미지를 통해 하나의 개념을 직관적으로 이해하고, 그것을 체화하는 과정을 통해 시험장에서 바로 적용할 수 있습니다. 그래서 '암기 최소화, 공무원 영어 기본 핵심 문법 Visual G'는 이미지로 이해하는 문법입니다. '암기 최소화, 공무원 영어 기본 핵심 문법 Visual G'에 관한 특징은 아래의 교재 특징을 통해 독자 여러분이 이해하실 수 있게 자세히 제시하도록 하겠습니다.

여러분의 노력으로 앞으로의 삶의 방식을 결정하고자 용기 내어 수험의 길에 임하신 여러분께 먼저 경의를 표합니다. 수험을 먼저 경험했던 '선배'로서 수험의 목적은 '연구'가 아님을 먼저 명료히 하고자 합니다.
그렇다고 해서 수험의 합격이 '요령'만으로 이루어지지 않음도 밝혀둡니다. 요령이 없는 일은 없지만, 요령만으로 되는 일도 없습니다. 현 수험이 '정확하게 읽고 푸는 것'이라는 목적 아래 가장 효과적으로 이 '읽고 푸는 능력'을 만들어 드리겠습니다. 이게 제가 제일 잘하는 일입니다. 그 과정에서 이책을 바라보는 독자분은 멈추지 않고 책상에 몸을 당길 수 있는 체력과 의지만 있다면 당신은 반드시 읽게 됩니다.
글을 읽는다는 것은 글쓴이의 생각과 주장과 철학을 알 수 있다는 것입니다. 글읽기는 새로운 문화를 배우고, 이는 새로운 세상의 문을 여는 과정입니다. 멋진 일입니다. 기적과 같은 일입니다. 그 과정의 시작이 여기 '암기 최소화, 공무원 영어 기본 핵심 문법 Visual G'에서 시작됩니다. 그리고 한 가지 더, 이 기적과 같은 일도 '약간의 시간'은 필요합니다. 그 과정을 매 순간 여러분과 함께 시작하고, 입실까지 함께 하겠습니다.
Even miracles take a little time.

저자 성정혜

교재 특징

1. 읽기를 위한 필수 문법 완성

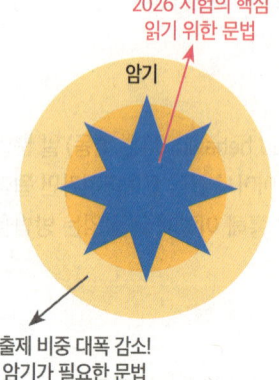

2026 시험의 핵심 읽기 위한 문법

암기

출제 비중 대폭 감소! 암기가 필요한 문법

각 챕터마다 제시된 이미지는 모든 과정을 마치고 난 후에 하나의 그림으로 완성됩니다. 즉 '암기 최소화, 공무원 영어 기본 핵심 문법 Visual G'를 마치고 나면 머릿속에 명료하게 떠오르는 한 장의 이미지가 해당 콘텐츠의 가장 큰 특징입니다. 더불어, 해당 개념은 복잡한 용어가 아니기 때문에 시험장에서 문제에 바로 직관적으로 적용됩니다. 문법 개념이 하나의 그림처럼 머릿속에 선명하게 실체를 만드는 과정이 '암기 최소화, 공무원 영어 기본 핵심 문법 Visual G'의 궁극적인 목표이며, 독자분들과 함께 완성하고자 하는 목표를 가지고 만들어졌습니다.

2. 이미지로 이해하는 영문법

Visual Smlie

위의 그림 속에 무엇이 보이시나요? 혹시 바로 눈앞에 Visual Smile이 보이신다면, 여러분은 텍스트가 아닌 이미지를 보신 것입니다. 텍스트 속에 철자는 smile이 아닌 sm+lie입니다. 그러나 우리 눈은 이미 이미지 속에 '방긋 웃는 미소'를 'smile'로 보고 파악한 것입니다. 결국 우리의 눈은 텍스트가 아닌 이미지에 먼저 '반응과 인식'한다는 것은 이미 여러 가지 실험으로 증명된 사실입니다. 그래서 '암기 최소화, 공무원 영어 기본 핵심 문법 Visual G'는 이런 강력한 이미지를 활용해 직관적으로 이해할 수 있는 개념을 독자분에게 제시합니다.

3. 양방향으로 함께 완성하는 콘텐츠

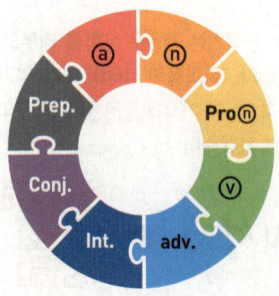

'암기 최소화, 공무원 영어 기본 핵심 문법 Visual G'는 핵심 개념을 독자분에게 묻고 채워나가는 방식으로 완성하는 콘텐츠입니다. 단순히 나열된 지식을 일방향으로 전달받는 것이 아니라, 독자분이 함께 완성하는 과정을 통해 더욱 오랫동안 명료하게 개념에 대한 이해를 하는 것을 목적으로 합니다.

4. 한 장의 이미지로 개념 완성

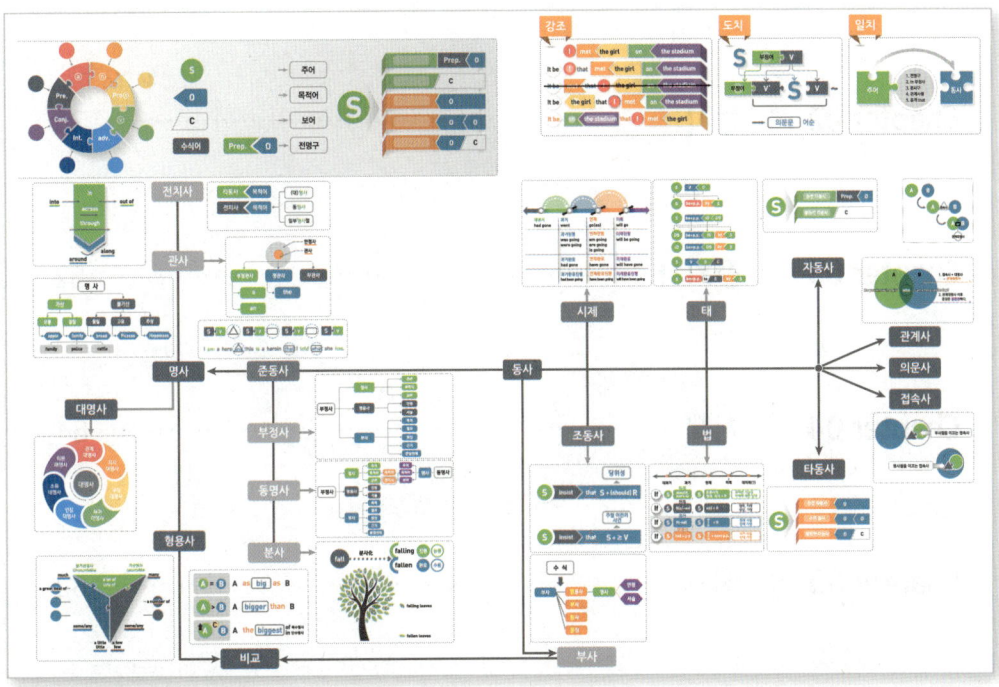

▶ 문법 한 장으로 틀잡기
　영상 바로가기

Visual G는 읽기를 위한 최소한의 문법을 시각적으로 구현합니다. 또한 개별 문법이 하나의 '생물'처럼 유기적으로 연결되어있습니다. 해당 '문법지도'는 youtube채널 에서 단시간만에 수 만건의 조회수를 기록했습니다. 그만큼 낱낱의 문법 개념을 한번에 정리하고 싶은 시청자분들의 '바람' 이라고 생각합니다. 아래의 QR코드는 '30분만에 문법 한장으로 틀잡기' 영상의 주소입니다. 이제부터 낱개의 개념이 아닌 하나의 매끈한 개념으로 '보고 이해하는 영어'를 시작합니다.

각 챕터마다 제시된 이미지는 모든 과정을 마치고 난 후에 하나의 그림으로 완성됩니다. 즉 '암기 최소화, 공무원 영어 기본 핵심 문법 Visual G'를 마치고 나면 머릿속에 명료하게 떠오르는 한 장의 이미지가 해당 콘텐츠의 가장 큰 특징입니다. 더불어, 해당 개념은 복잡한 용어가 아니기 때문에 시험장에서 문제에 바로 직관적으로 적용됩니다. 문법 개념이 하나의 그림처럼 머릿속에 선명하게 실체를 만드는 과정이 '암기 최소화, 공무원 영어 기본 핵심 문법 Visual G'의 궁극적인 목표이며, 독자분들과 함께 완성하고자 하는 목표를 가지고 만들어졌습니다.

Contents

Chapter 01 | 문장 구성의 원리 ·········· 10

Chapter 02 | 동사 ·········· 30

Chapter 03 | 전치사 ·········· 52

Chapter 04 | 시제 ·········· 64

Chapter 05 | 태 ·········· 82

Chapter 06 | 조동사 ·········· 96

Chapter 07 | 가정법 ·········· 110

Chapter 08 | 명사 ·········· 122

Chapter 09 | 관사 ·········· 134

Chapter 10	대명사	144
Chapter 11	형용사와 부사	160
Chapter 12	비교	176
Chapter 13	부정사	188
Chapter 14	동명사	202
Chapter 15	분사	212
Chapter 16	접속사	224
Chapter 17	관계사	236
Chapter 18	도치와 강조	254

Visual Grammar

CHAPTER 01 문장 구성의 원리

영어에서 있어야 할 것을 있어야 할 장소에 넣기 위해서 필요한 것이 문법이다. 여기서 있어야 할 것이 바로 품사이고, 있어야 할 장소가 바로 요소이다. 영어에서 8품사 4요소 그리고 5형식은 그렇게 영어를 공부함에 있어서 절대적 필요조건이다. 이 장에서는 Pre-Grammar형태로 있어야 할 것과 있어야 할 장소에 대한 필수적인 Warm-up단계를 통해 준비운동을 하자. 기본이 아니라 필수임을 잊지 말고 1단계부터 Here We GO!

- **001** 문장을 이루는 품사
- **002** 문장의 시작
- **003** 문장구조를 결정하는 자동사와 타동사
- **004** 문장에서 전명구의 역할
- **005** 우리말 해석 vs. 영어 해석
- **006** 8품사와 4요소
- **007** 문장의 4요소
- **008** 4요소와 5형식
- **009** 8품사 4요소 5형식
- **010** 문장의 구와 절
- **011** 문장의 구성의 원리

001 문장을 이루는 품사

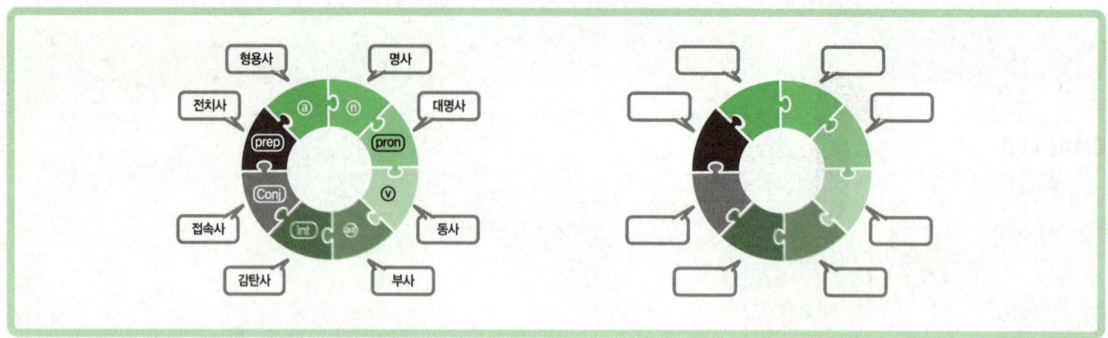

읽기를 위한 문법 Point

모든 문장을 이루는 최소의 단위는 단어이며, 이는 8가지 _____ 로 구성된다.

	sign	about	문장성분
1. 명사 Noun	ⓝ	사람, 사물, 동물, 추상적 개념의 이름을 나타내는 말. · 보통명사 : 같은 종류가 있는 사물의 이름 (**book, guy, girl**) · 고유명사 : 인명, 지명, 특정 사물의 이름 (**Seoul, America, Mary**) · 물질명사 : 물질의 이름 (**milk, gold, salt, air**) · 추상명사 : 추상적인 개념의 이름 (**happiness, truth, love, hope**) · 집합명사 : 사람 또는 사물의 집합체 이름 (**people, class, audience**)	주어(S) 목적어(O) 보어(C)
2. 대명사 Pronoun	pron	명사를 대신하는 말. · 문장에서 명사를 반복하는 것을 피하기 위하여 사용한다. **ex** Mike ⋯ he, Sung Jung Hye ⋯ she, he and I ⋯ we	주어(S) 목적어(O) 보어(C)
3. 동사 Verb	ⓥ	사람이나 사물의 움직임이나, 상태를 나타낸다. · be동사 (**be, is, are, was, were...**) · 조동사 (**can/could, may/might, shall/should, must...**) · 일반동사	동사/ 서술어(V)
4. 형용사 Adjective	ⓐ	사람이나 사물의 성질, 수량, 크기, 색 등을 나타내는 말. · 명사, 대명사를 꾸민다.	보어(C)
5. 부사 Adverb	ad	장소, 방법, 시간, 이유, 조건 등을 나타내는 말. · 동사, 형용사, 다른 부사, 문장 전체를 꾸민다.	
6. 전치사 Preposition	Prep	타동사처럼 반드시 목적어를 가지면서 연결을 시켜주는 말. · 명사와 합쳐 하나의 구를 이루며, 형용사나 부사의 역할을 한다. **ex** The book on the table is mine. (형용사 역할) 　　I live in this house. (부사 역할)	
7. 접속사 Conjunction	Conj	단어와 단어, 구와 구, 문장과 문장을 연결시키는 말. **ex** Apples and pears are delicious. (단어와 단어) 　　I like to plan and to do. (구와 구) 　　I like vegetables but she doesn't like them. (문장과 문장)	
8. 감탄사 Interjection	int	슬픔, 기쁨, 분노 등 사람의 감정을 표현하는 말. **ex** oh, ah, alas, bravo, cheers, oops	

답 품사

002 문장의 시작

Do you go?	Go?	가?
Yes, I go.	Go.	가.
OK, you can go!	Go!	가!

읽기를 위한 문법 Point

모든 문장에 반드시 하나 갖추어야 할 필수 요소는 ___이다.

1. 동사의 중요성

You can **run** on you own. ⋯▶ **Run**.
주어 조동사 동사 　전명구
너는 너 스스로 뛸 수 있어. ⋯▶ 뛰어.

You should **move** quickly. ⋯▶ **Move**.
주어 조동사 동사 　부사
너는 빠르게 움직여야 한다. ⋯▶ 움직여.

2. 문장의 종류

(1) **평서문**: 긍정문과 부정문으로 나뉘며 '마침표(.)'로 끝난다.

　① 긍정문
　　• The Sun **rises** in the east. 해는 동쪽에서 뜬다.

　② 부정문
　　• The Sun **doesn't rise** in the west. 해는 서쪽에서 뜨지 않는다.

(2) **의문문**: 의문을 의미를 가지고 표현으로, '물음표(?)'로 끝난다.

　　• Was the food yummy? 그 음식은 맛있었어?
　　• Which is your phone? 어느 것이 당신 전화기입니까?

> **Top tip ★**
>
> ■ 의문문의 2가지 구조
>
> (1) 의문사가 없는 의문문
> ① be동사 문장: be동사 + 주어 ~?
> ② 조동사 문장: 조동사 + 주어 + 동사원형 ~?
> ③ 완료형 문장: Have[has/had] + 주어 +과거분사 ~?
> ④ 일반동사 문장: Do[Does/Did] + 주어+ 동사원형 ~?
>
> (2) 의문사가 있는 의문문
> ① be동사 문장: 의문사 + be동사 + 주어 ~?
> ② 조동사 문장: 의문사 + 조동사 + 주어 + 동사원형 ~?
> ③ 완료형 문장: 의문사 + Have[has/had] + 주어 + 과거분사 ~?
> ④ 일반동사 문장: 의문사 + do[does/did]+ 주어 + 동사원형 ~?

(3) **명령문**: '~해라,~하지 말아라'라는 명령의 표현으로, 동사원형으로 시작한다.

- **Be** kind to the old. 노인들에게 친절하시오.
- **Don't open** the door. 문을 열지 마라.
- **Write** your name. 네 이름을 적어라.
- **Be** on time. 제시간에 와라.
- **Don't be** a fool. 바보같이 굴지 마라.

(4) **부가의문문**: 의문문 끝에 추가되는 의문문으로, 긍정문에는 부정의 형태로, 부정문에는 긍정의 형태로 표현한다.

- They are football players, **aren't they**? 그들은 축구선수에요, 그렇지 않나요?
- They will come, **won't they**? 그들은 올 거야, 그렇지?
- He can swim, **can't he**? 그는 수영할 수 있지, 그렇지?
- She isn't a teacher, **is she**? 그녀는 선생님이 아니지, 그렇지?
- You don't like coffee, **do you**? 너는 커피를 좋아하지 않지, 그렇지?

(5) **감탄문**: 'how/what' 감탄문으로 표현하며 '느낌표(!)'로 끝난다.

- **How** nice the actress is! 그 여배우는 얼마나 멋진지!
- **What** an interesting book! 정말 흥미로운 책이야!

🔲 동사

003 문장구조를 결정하는 자동사와 타동사

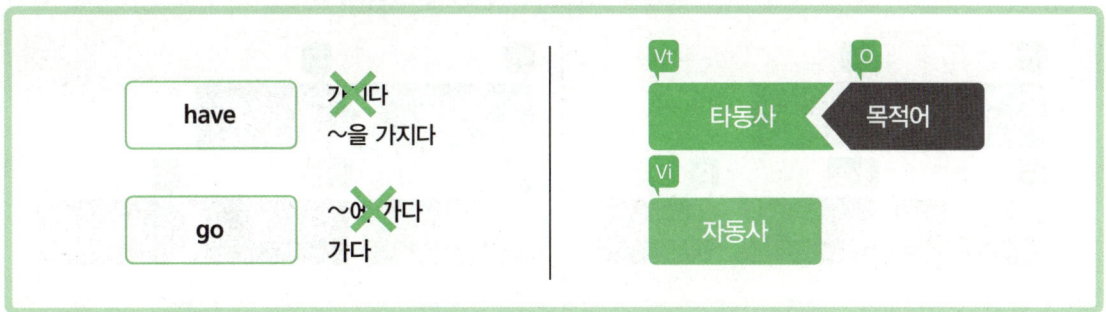

읽기를 위한 문법 Point

문장에서 자동사는 주어의 동작과 상태를 나타내며, 타동사는 주어가 _____ 를 대상으로 하는 동작을 나타낸다.

1. 의미가 유사한 자동사와 타동사

(1) go vs. reach

I go. - 자동사
나는 간다.

I reach Seoul. - 타동사
나는 서울에 도착한다.

(2) wait vs. await

I wait. - 자동사
나는 기다린다.

I await you. - 타동사
나는 너를 기다린다.

(3) object vs. oppose

I object. - 자동사
나는 반대한다.

I oppose the proposal. - 타동사
나는 그 제안에 반대한다.

🅞 목적어

004 문장에서 전명구의 역할

읽기를 위한 문법 Point

문장에서 '전치사 + 명사'역할은 형용사와 부사로서 ＿＿ 의 역할을 한다.

1. 전명구의 역할

전치사는 주로 명사 또는 대명사 목적어와 결합하여 형용사구나 부사구를 만든다.

(1) 형용사구

- He received a love letter **in English**.
  그는 영어로 쓰여진 연애편지를 받았다.

(2) 부사구

- I studied physics in Germany **for three years**.
  나는 독일에서 3년 동안 물리학을 공부했다.

  cf. I studied automobiles **in Germany for three years**.
  나는 3년 동안 독일에서 자동차를 공부했다. (in Germany가 studied를 수식하는 경우)
  나는 3년 동안 독일의 자동차를 공부했다. (in Germany가 automobiles를 수식하는 경우)

- He is staying **at the hotel**.
  그는 호텔에 머무르고 있다.

- **In front of the building**, there used to be a big pond.
  건물 앞에는 커다란 연못이 있었다.

답 수식

2. 자동사의 전명구

(1) I go **(to Seoul)**.
　　　　　전명구
나는 서울에 가다.

(2) I go **(to Seoul) (by bus)**.
　　　　　전명구　　전명구
나는 서울에 버스를 타고 가다.

(3) I go **(to Seoul) (by bus) (with my friends)**.
　　　　　전명구　　전명구　　　전명구
나는 서울에 버스를 타고 친구와 함께 간다

(4) I go **(to Seoul) (by bus) (with my friends) (at noon)**.
　　　　　전명구　　전명구　　　전명구　　　전명구
나는 서울에 버스를 타고 내 친구와 함께 정오에 간다.

3. 타동사의 전명구

(1) I reach Seoul.
나는 서울에 도착한다.

(2) I reach Seoul **(by bus)**.
　　　　　　　　전명구
나는 서울에 버스를 타고 도착한다.

(3) I reach Seoul **(by bus) (with my friends)**.
　　　　　　　　전명구　　　전명구
나는 서울에 버스를 타고 친구와 함께 도착한다.

(4) I reach Seoul **(by bus) (with my friends) (at noon)**.
　　　　　　　　전명구　　　전명구　　　전명구
나는 서울에 버스를 타고 내 친구와 함께 정오에 도착한다.

005 우리말 해석 vs. 영어 해석

우리말의 문장 성분 순서를 바꾸었을 때	영어의 문장 성분 순서를 바꾸었을 때
누군가 너를 좋아해. 너를 누군가 좋아해. 누군가, 너 같은	Someone likes you. You like someone. someone, like you
순서가 바뀌어도 같은 의미이다.	순서가 바뀌면 성분도 바뀌어 다른 의미가 된다.

읽기를 위한 문법 Point

우리말은 ___ 중심의 언어이고, 영어는 ___ 중심의 언어이다.

1. 단어의 위치에 따라 바뀌는 해석

(1) kill

- The suspect **killed** the victim.
  주어   동사   목적어
  그 용의자는 희생자를 죽였다.

- The victim **killed** the suspect.
  주어   동사   목적어
  그 희생자는 그 용의자를 죽였다.

(2) love

- Mary **loves** Jason.
  주어   동사   목적어
  Mary는 Jason을 사랑한다.

- Jason **loves** Mary.
  주어   동사   목적어
  Jason은 Mary를 사랑한다.

(3) bite

- The man **bit** the dog.
  주어   동사 목적어
  그 남자는 개를 물었다.

- The dog **bit** the man.
  주어   동사 목적어
  그 개는 그 남자를 물었다.

조사, 위치(자릿값)

006 8품사와 4요소

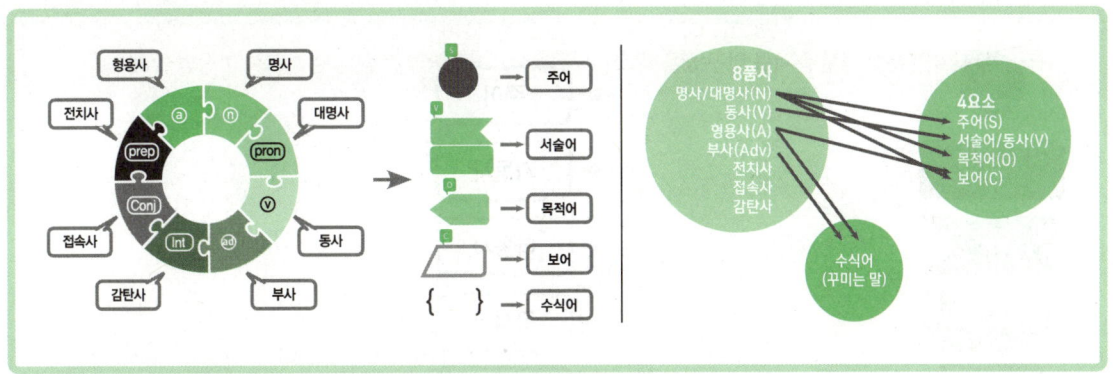

읽기를 위한 문법 Point

8가지 품사는 문장의 고유한 자릿값인 4가지 요소가 되고, 그 요소에 따라서 품사의 ___ 이 달라진다.

1. 4요소에 해당 되는 품사

No.	요소	품사
①	주어	명사/대명사
②	서술어	동사
③	목적어	명사/대명사
④	보어	명사/대명사/형용사
⑤	수식어	형용사/부사/전명구

2. 4요소에 따른 품사의 형태

- She likes the company.
  그녀는 그 회사를 좋아한다.

- The company likes her.
  그 회사는 그녀를 좋아한다.

  The company likes she. (x)
  Top tip ★ 목적어 자리에는 대명사는 올지만 대명사의 목적격을 사용해야 합니다.

  She likes happy. (x)
  Top tip ★ 목적어 자리에 형용사가 자리할 수 없어요.

  Happy like it. (x)
  Top tip ★ 주어 자리에 형용사가 자리할 수 없어요.

  She happy it. (x)
  Top tip ★ 서술어 자리에 형용사가 자리할 수 없어요.

007 문장의 4요소

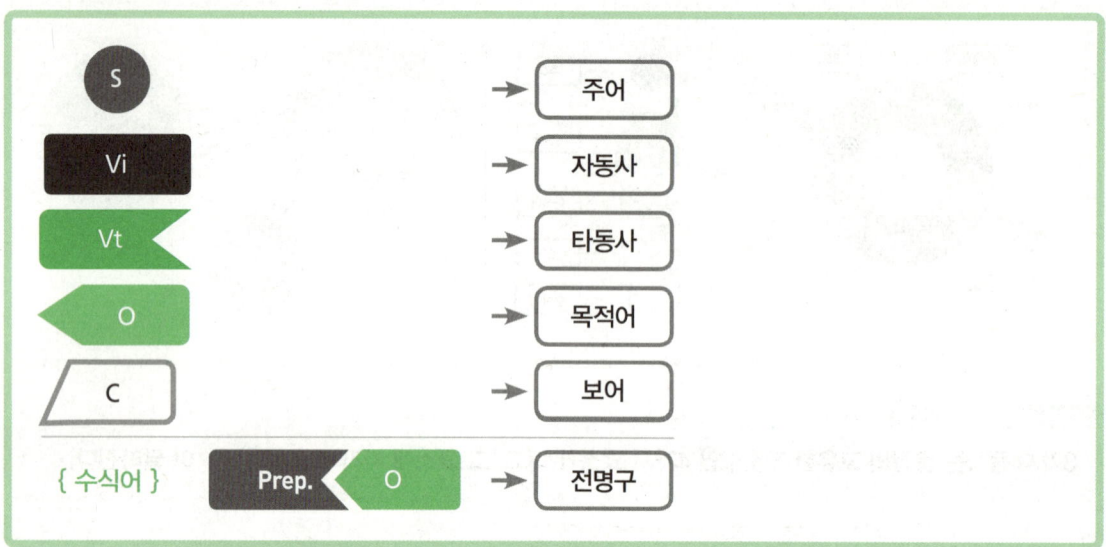

> **읽기를 위한 문법 Point**
> 주어의 해석 조사: ___, 동사의 해석 조사: ___, 목적어의 해석 조사: ____, ___, 보어의 해석 조사: ___

1. **주어** – 문장에서 행위 및 동작의 주체이며 명사에 상당하는 어구가 쓰인다.

    - **The earth** is round. (명사)
      지구는 둥글다.
    - **The earth in the galaxy** is round. (명사구)
      은하 속의 지구는 둥글다.
    - **Seeing** is believing. (동명사)
      보는 것이 믿는 것이다.
    - **How to do** is more important than what to do. (명사구)
      어떻게 하느냐는 무엇을 하느냐보다 더 중요하다.
    - **What I say** is true. (명사절)
      내가 말하는 것은 사실이다.

2. **동사** – 주어의 동작, 상태를 나타내며 조동사가 있는 경우 조동사까지 포함한다.

    - She never **smiles**.
      그녀는 결코 웃지 않는다.
    - He can **swim** across the river.
      그는 강을 건널 수 있다.

3. **목적어** – 동사의 대상에 해당하는 말로 명사에 상당하는 어구가 쓰인다.
   - We play **baseball** after school. (명사)
     우리는 방과 후 야구를 한다.
   - You have to stop **smoking**. (동명사)
     당신은 담배 피우는 것을 멈춰야 한다.

   (1) 간접목적어(I.O.): 일반적으로 사람(인칭)이 대상이며, '~에게'로 해석
   - I gave **my child** a snack. 나는 아이에게 간식을 줬다.

   (2) 직접목적어(D.O.): 일반적으로 사물(무생물)이 대상이며, '~을(를)'로 해석
   - I gave my child **a snack.** 나는 아이에게 간식을 줬다.

4. **보어** – 주어를 보충 설명하는 주격보어와 목적어를 보충 설명하는 목적격보어가 있다.

   (1) 주격 보어(S.C.): 주어와 동격이거나 주어를 수식하는 단어, 구 또는 절
   - He is **a student**. (He = a student) (주격 보어 · 명사)
     그는 학생이다.
   - I am **pretty**. (I = pretty) (주격 보어 · 형용사)
     나는 예쁘다.

   (2) 목적격 보어(O.C.): 목적어와 동격이거나 목적어를 수식하는 단어, 구 또는 절
   - I think him **smart**. (him = smart) (목적격 보어 · 형용사)
     나는 그가 똑똑하다고 생각한다.
   - My mother asked me **to do it**. (목적격 보어 · to부정사)
     엄마는 나에게 그것을 하라고 요청했다.

5. **수식어** – 문장의 4요소인 주어, 동사어(서술어), 목적어, 보어를 수식하는 역할을 하며, 문장의 주요소에는 포함되지 않는다. 수식어의 종류에는 부사, 부사구, 부사절이 있으며, 형용사는 명사를 한정해 주는 한정적 역할의 형용사가 있다. 또한, 이런 형용사와 부사의 역할을 하는 전명구도 존재한다.
   - All **happy** families are alike; **each** unhappy family is unhappy **in its own way**.
          (형용사)   (형용사)   (전명구, 부사 역할)
     모든 행복한 가족들은 같은 모습이고, 각각의 불행복한 가족들은 자신 나름대로의 불행한 이유가 있다.(톨스토이 작품중에서)
   - His family lives **happily**. 그의 가족은 행복하게 산다.
                      (부사)
   - His family lives **very happily**. 그의 가족은 매우 행복하게 산다.
                      (부사구)
   - His family **in the town** lives very happily.
                (전명구, 형용사 역할)
     그 마을의 그의 가족은 매우 행복하게 산다.
   - His family in the town lives very happily **in the peace**.
                                              (전명구, 부사 역할)
     그 마을의 그의 가족은 평화 속에서 매우 행복하게 산다.

은[는]/이[가], -다, 을[를]/에게, ...

008 4요소와 5형식

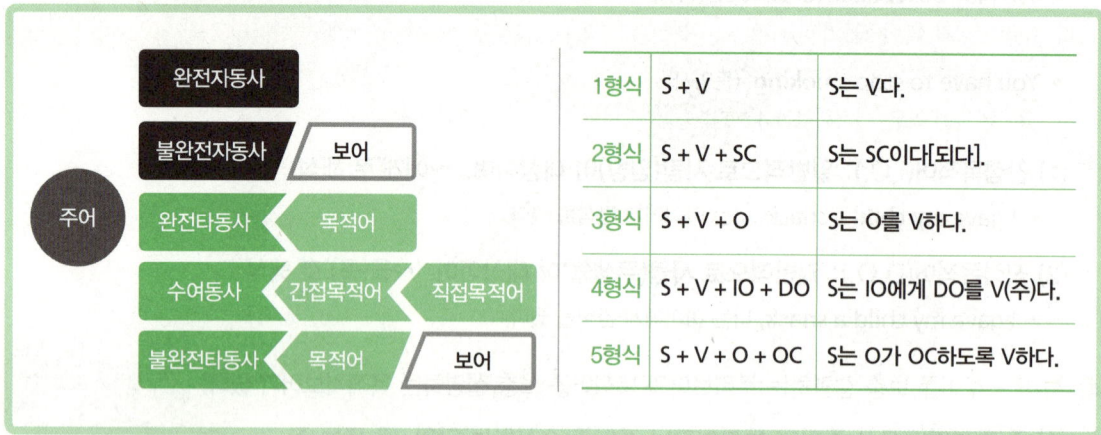

> **읽기를 위한 문법 Point**
> 문장의 필수요소인 4가지 요소의 배치에 따라 문장은 __형식으로 나뉘며, 이는 해석의 기준이 된다.

1. 1형식: 주어 + 자동사: 주어는 동사하다

완전 자동사는 목적어를 갖지 않으며, 전명구를 가질 수 있으나 필수적이진 않다.

- **The river flows into the sea.**
  그 강은 바다로 흘러간다.

  cf. **The river flow doesn't stop.**
  강의 흐름은 멈추지 않는다.(여기서 flow는 문장의 주어에 해당된다)

- **The train doesn't stop at the station.**
  그 기차는 역에서 멈추지 않는다.

2. 2형식: 주어 + 불완전 자동사 + 보어: 주어는 보어(이)다

불완전 자동사는 명사나 형용사 보어를 가져야 한다.

- **She became happy.**
  그녀는 행복해졌다.

- **She became a singer.**
  그녀는 가수가 되었다.

3. 3형식: 주어 + 완전 타동사 + 목적어: 주어는 목적어를 동사하다

완전 타동사는 반드시 명사, 명사구, 명사절의 목적어를 가져야만 한다.

- **The early bird catches the worm.**
  일찍 일어난 새는 벌레를 잡는다.

- **She enjoyed the last vacation.**
  그녀는 지난 휴가를 즐겼다.

4. 4형식: 주어 + 수여동사 + 간접목적어 + 직접 목적어: 주어는 간접목적어에게 직접목적어를 동사**주다[하다]**

간접목적어는 '대상'에 해당되며 '~에게'라고 해석하며, 직접목적어는 '사물'이며 '~을/를'이라고 해석한다. 단, 간접목적어와 직접목적어의 위치는 바뀔 수 있으며, 이는 3형식 문장에 해당이 된다.

- **I gave** my dog some meat. (4형식)
  나는 강아지에게 고기를 줬다.
  ⋯▸ I **gave** some meat to my dog. (3형식)
  나는 고기를 내 강아지에게 줬다.

- He **asked** me a question. (4형식)
  그는 나에게 질문을 했다.
  ⋯▸ He **asked** a question of me. (3형식)
  그는 질문을 나에게 했다.

5. 5형식: 주어 + 불완전 타동사 + 목적어 + 목적격 보어: 주어는 목적어를 보어한 상태로 동사**하다**

목적격 보어로, 명사나 형용사를 사용할 수 있으며, 해석은 반드시 목적어와 보어의 관계를 연관시켜야 한다.

- I **left** the door open. (the door = open)
  나는 그 문이 열리도록 내버려 두었다.

- We **call** the girl Mary. (the girl = Mary)
  우리는 그 소녀를 Mary라고 불렀다.

Top tip ★

'목적어+목적보어'와 '간접목적어+직접목적어'의 구별하는 방법

- She made **me a doctor**.
  그녀는 나를 의사로 만들었다.
  ⟨✏ 목적어 me = 목적보어 a doctor⟩

- She made **me a dress**.
  (그녀는 나에게 옷을 만들어 주었다.)
  ⟨✏ 간접목적어 me ≠ 직접목적어 a dress⟩

두 문장 성분(요소) 사이에 대등하거나 보완적인 설명관계가 성립하면 목적어와 보어의 관계이고, 그렇지 않으면 간접목적어와 직접목적어의 관계로 볼 수 있다.

009 8품사 4요소 5형식

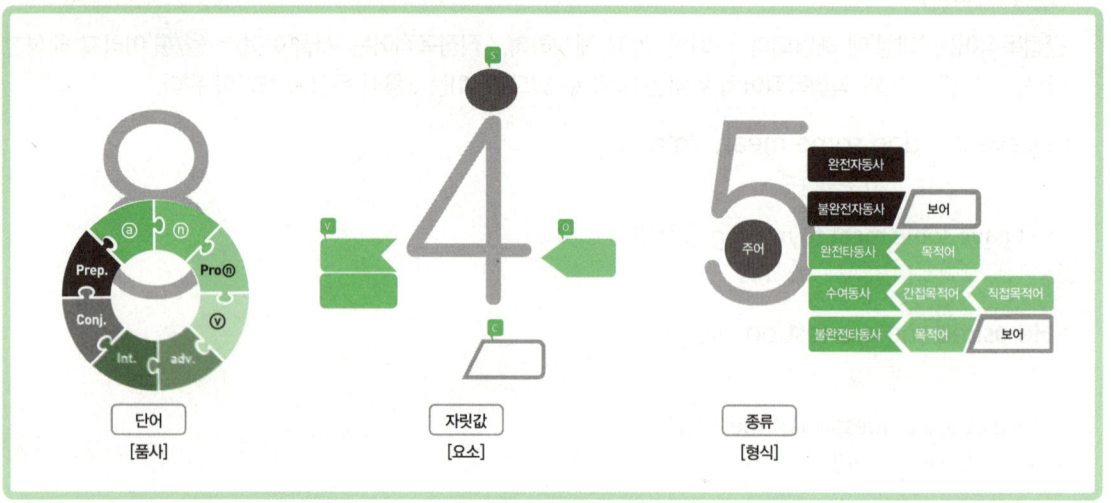

읽기를 위한 문법 Point

정확한 '읽기'능력을 위해서는 ____, ____, ____ 에 대한 파악이 선행되어야 한다.

1. 해석의 과정

문장:	Bravo,	I	fell	in	real	English	when	I	met	JH	first.
품사:	감탄사	명사	동사	전치사	형용사	명사	접속사	명사	동사	명사	부사
요소:		주어	서술어					주어	서술어	목적어	
해석:	브라보	나는	빠졌다	~안에	진짜의	영어	-때	나는	만났다	JH를	처음으로

↓

브라보, 나는 JH를 처음 만났을 때, 난 진짜 영어에 빠졌다.

2. 8품사의 전환 사용

① 명사 ② 대명사 ③ 동사 ④ 형용사 ⑤ 부사 ⑥ 전치사 ⑦ 접속사 ⑧ 감탄사

- Give me **water**. ① 명사
  물을 주세요.

- Please **water** the plant. ③ 동사
  그 식물에게 물을 주세요.

답 8품사, 4요소, 5형식

010 문장의 구와 절

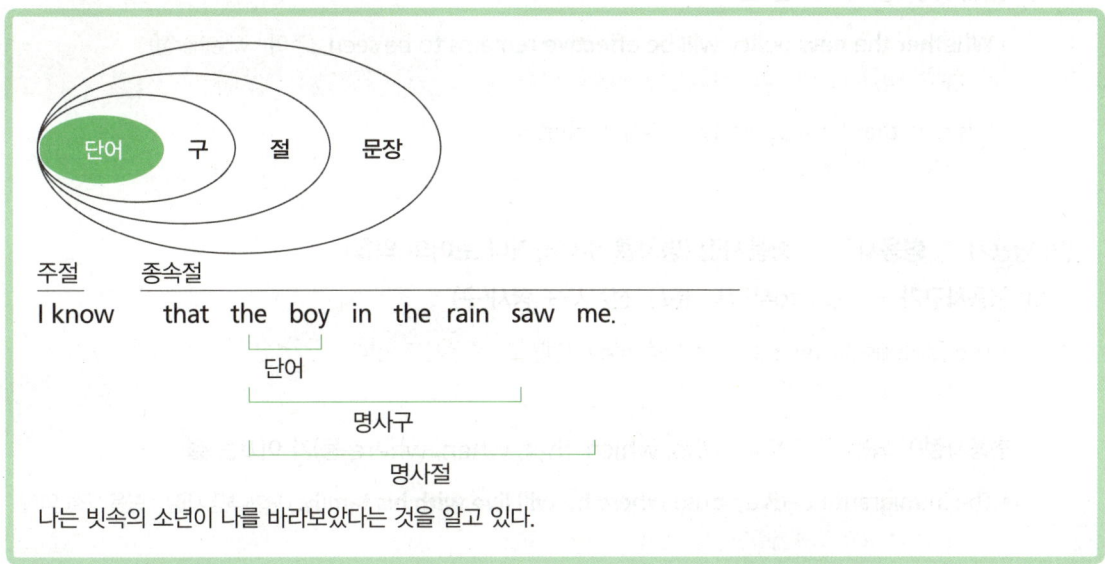

나는 빗속의 소년이 나를 바라보았다는 것을 알고 있다.

읽기를 위한 문법 Point

단어 이상의 해석 단위 :
구(Phrase): 2단어 이상 ___ 포함 안됨, 절(Clause): 2단어 이상 ___ 포함 됨.

1. 구(Phrase)

두 개 이상의 단어가 모여서 한 개의 품사 역할을 하며, 동사를 포함하지 않는다. → 「S + V」 관계 성립 불가능하다.

the girl in the rain
- 단어 + 전명구
- → 명사구

2. 절(Clause)

구와 마찬가지로 두 개 이상의 단어가 모여서 한 개의 품사 역할을 하며, 반드시 동사를 포함한다. → 「S + V」 관계 성립 가능하다.

(1) 명사 ⇨ 명사구 ⇨ 명사절 (문장에서 주어, 목적어, 보어 역할)

① 명사구가 되는 것: to부정사, 동명사, 의문사 + to부정사

- **Seeing is believing.** (주어/보어 · 동명사)
  보는 것이 믿는 것이다.

- **To finish this project on time** requires hard work. (주어 · to 부정사)
  이 프로젝트를 제시간에 끝내는 것은 열심히 일하는 것을 필요로 한다.

- **How to start a business** is what many people want to know. (주어 · 의문사 + to 부정사)
  사업을 시작하는 방법은 많은 사람들이 알고 싶어하는 것이다.

② 명사절이 되는 것: 접속사(that, if, whether), 의문사(who, what, which), 관계사(what, whoever 등)가 이끄는 절

- **Whether the new policy will be effective** remains to be seen. (주어 · whether절)
  새 정책이 효과적일지는 두고 봐야 한다.

- It is true **that I got up early.** (진주어절 · that절)
  내가 일찍 일어났던 것은 사실이다.

(2) 형용사 ⇨ 형용사구 ⇨ 형용사절 (명사를 수식하거나 보어의 역할)

① 형용사구가 되는 것: to부정사, 분사, 전치사 + 명사(구)

- The famous player is a friend **of mine.** (전명구 · 형용사구 역할)
  그 유명한 선수는 내 친구 중에 한 명이다.

② 형용사절이 되는 것: 관계사(who, which, that, when, where 등)가 이끄는 절

- The immigrant needs a house **where he will live with his family.** (관계대명사절 · 형용사절 역할)
  그 이민자는 그가 그의 가족과 함께 살 집을 필요로 하다.

- The students **who studied hard passed the exam.** (관계부사절 · 형용사절 역할)
  열심히 공부한 학생들은 시험에 합격했다.

(3) 부사 ⇨ 부사구 ⇨ 부사절

① 부사구가 되는 것: to부정사, 전치사 + 명사

- There is a hat **on the table.** (전명구 · 부사구 역할)
  탁자 위에 모자가 있다.

- She was surprised **to hear the news.** (to 부정사 · 부사구 역할)
  그녀는 그 소식을 듣고 놀랐다.

② 부사절이 되는 것: 접속사(when, though, because, if 등)와 복합 관계사(whatever, whenever 등)가 이끄는 절

- **If you work harder,** you will be rich. ((if절, 부사절의 역할)
  당신이 더 열심히 일한다면, 부자가 될 것이다.

답 동사, 동사

011 문장 구성의 원리

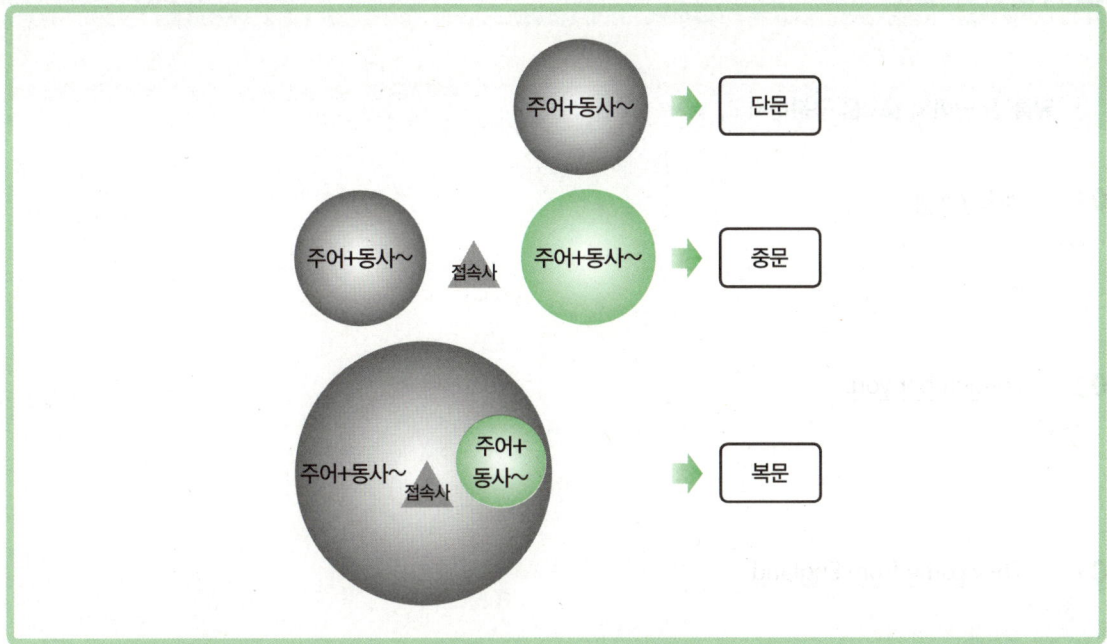

> **읽기를 위한 문법 Point**
>
> 문장 내의 절의 개수에 따라서, '주어 + 동사'로 한 개로 이루어진 문장은 ___, '주어 + 동사'로 두 개 이상으로 이루어진 문장을 ___ 또는 ___ 이라고 한다.

1. 단문

주어(S)와 동사(V)의 하나의 절로 이루어진 문장이다.

- He **has lived** in New York.
  그는 뉴욕에서 살아왔다.

2. 중문

대등한 두 문장이 등위접속사(and, but, or, so 등)에 의해 연결된 하나의 문장이다.

- She **has lived** in New York, **but** her brother **hasn't lived**.
  그녀는 뉴욕에서 살아왔지만, 그녀의 남동생은 그렇지 않다.

3. 복문

주절과 종속절이 종속접속사에 의해 연결된 하나의 문장이다.

- She **has lived** in New York **since** she **was** 13 years old.
  그녀는 뉴욕에서 13살부터 살아왔다.

답 단문, 중문, 복문

CHAPTER 01
Exercise

> 밑줄 친 단어의 품사를 구분하시오.

01 <u>Pick</u> <u>me</u> <u>up</u>.
정답:

02 <u>I</u> <u>remember</u> <u>you</u>.
정답:

03 <u>They</u> <u>come</u> <u>from</u> <u>England</u>.
정답:

04 <u>You</u> <u>make</u> <u>me</u> <u>happy</u>.
정답:

05 <u>You</u> <u>tell</u> <u>me</u> <u>that</u> <u>you</u> <u>love</u> <u>me</u>.
정답:

빠른 정답 Check ✓
01 (타)동사/대명사/부사
02 대명사/(타)동사/대명사
03 대명사/(자)동사/전치사/명사
04 대명사/(타)동사/대명사/형용사
05 대명사/(타)동사/대명사/접속사/대명사/(타)동사/대명사

CHAPTER 01
Exercise 정답 및 해설

01

해설 Pick은 목적어 me를 가지므로 (타)동사이고 me는 1인칭 목적격에 해당하는 대명사이고 up은 방향을 나타내는 부사이다.

구문분석
Pick / me (up).
  V   O

직독직해 선택해라 / 나를
해석 나를 선택해라.

02

해설 I는 1인칭 주격에 해당하는 대명사이고 remember는 목적어 you를 가지므로 (타)동사이고 you는 2인칭 목적격에 해당하는 대명사이다.

구문분석
I / remember / you.
S   V   O

직독직해 나는 / 기억한다 / 너를
해석 나는 너를 기억한다.

03

해설 They는 3인칭 주격에 해당하는 대명사이고 come은 전명구 from England가 뒤따라오므로 (자)동사이고 from은 목적어 England를 가지므로 전치사이고 England는 고유한 이름을 나타내므로 명사이다.

구문분석
They / come (from / England).
  S   V

직독직해 그들은 / 온다 (영국으로부터)
해석 그들은 영국에서 온다.

04

해설 You는 2인칭 주격에 해당하는 대명사이고 make는 목적어인 대명사 me를 가지므로 (타)동사이다. 더해 happy는 목적어 me를 수식하며 me의 상태를 나타내고 있으므로 형용사이다.

구문분석
You make me happy.
  S   V   O   O.C

직독직해 너는 / 만든다 / 나를 / 행복한
해석 너는 나를 행복하게 만든다.

05

해설 You는 2인칭 주격에 해당하는 대명사이고 tell은 (간접)목적어 me를 가지므로 (타)동사이고 me는 1인칭 목적격에 해당하는 대명사이다.
that은 두 개의 절을 연결해주므로 접속사이고 you는 2인칭 주격에 해당하는 대명사이고 love는 목적어 me를 가지므로 (타)동사이고 me는 1인칭 목적격에 해당하는 대명사이다.

구문분석
You / tell / me / that / you / love / me.
 S   V   O 접속사 S   V   O

직독직해 너는 / 말한다 / 나에게 / 너는 / 사랑한다 / 나를
해석 너는 나에게 사랑한다고 말한다.

CHAPTER 02 동사

사람 몸에서 중심에 해당되는 것이 허리라면, 영어문장에서 중심에 해당되는 것이 바로 동사이다. 심지어는 동사만으로 이뤄진 문장도 가능하다. 예를 들어 "GO"는 "가!"라는 명령문 형태의 문장이 될 수도 있다. 문장의 다른 주요성분은 생략도 가능하고 선택의 여지가 있는 요소라면, 동사는 문장의 필수 성분 중에 best of best이다! 여기서는 그 동사들을 기능별로, 종류별로 분류해서 문장 내에 쓰임을 정확하게 파악해 보자.

- **012** 품사와 문장의 형식
- **013** 동사 종류와 문장의 형식
- **014** 1형식 완전 자동사 > be동사의 의미
- **015** 1형식 완전 자동사 > 유도부사 구문
- **016** 자동사와 타동사의 쓰임에 따라 의미가 달라지는 동사
- **017** 2형식 불완전 자동사 > 감각동사
- **018** 다양한 타동사구
- **019** 4형식 수여동사 > 4형식에서 3형식으로 변화
- **020** 4형식 수여동사 > 직접목적어로 that절이 올 수 있는 동사
- **021** 5형식 불완전 타동사
- **022** 주의해야 할 자동사와 타동사

012 품사와 문장의 형식

The dog smells good. vs. The dog smells well.

개념 Point

문장의 구조에 따라 문장의 ＿＿이 결정된다.

1. 문장의 형식

- The dog smells **good**. (2형식) 그 개는 좋은 냄새가 난다.
- The dog smells **well**. (1형식) 그 개는 냄새를 잘 맡는다.

Top tip ★

■ 형용사 vs. 부사

명사를 수식하는 경우 품사는 형용사이고, 명사를 수식하지 않으면 부사로 볼 수 있다. 우리말의 의미를 떠올리고 명사 수식여부를 확인해서 빠르게 형용사와 부사를 확인할 수 있다.

(1) good vs. well
She is a **good** runner. (형용사) She runs **well**. (부사)

(2) no vs. not
I have **no** water. (형용사) I **don't** have water. (부사)

2. 다양한 형식으로 사용되는 동사 make

- We **made** for the exit. 우리는 비상구를 향했다. (1형식)
- He will **make** a good husband. 그는 좋은 남편이 될 것이다. (2형식)
- I **make** dinner. 나는 저녁을 만든다. (3형식)
- I **make** Kate breakfast. 나는 Kate에게 아침을 만들어 준다. (4형식)

  Top tip ★ 수여동사 'make': '~에게 ...을 만들어 주다'의 의미로 'produce'의 역할을 한다.

- I **make** Kate happy. 나는 Kate를 행복하게 만든다. (5형식)

  Top tip ★ 불완전 타동사 'make'는 '~을 ..으로 만들다'의 의미로 'cause'의 역할을 한다.

해석

013 동사 종류와 문장의 5형식

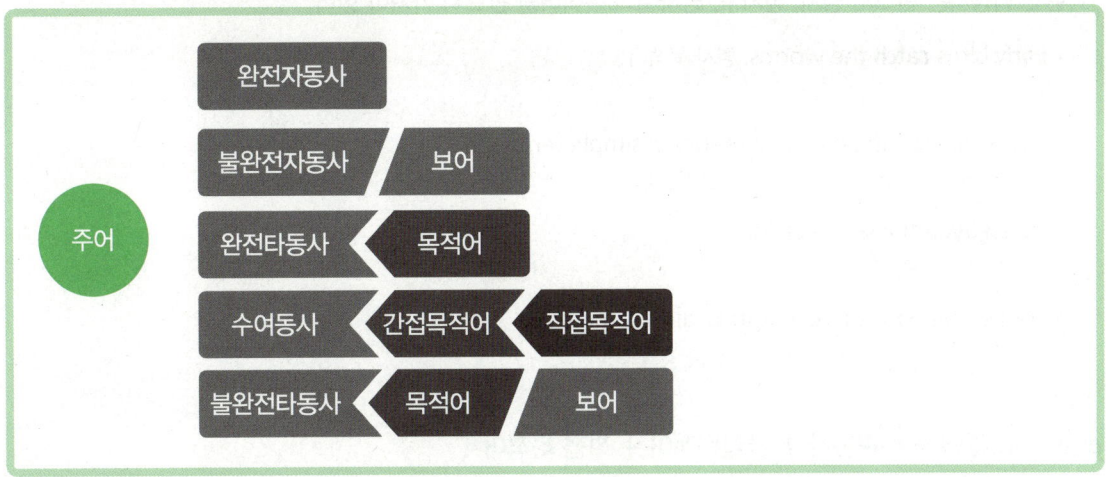

읽기를 위한 문법 Point

___가 문장의 형식을 정하고, 품사의 자릿값이 ___을 결정한다.

1. 1형식: 주어+자동사

완전 자동사는 목적어를 갖지 않으며, 전명구를 가질 수 있으나 수식어구이므로 필수적이지는 않다.

- Water **flows** into the pond.
  물은 연못으로 흘러간다.

- The subway doesn't **stop** at the station.
  그 지하철은 역에서 멈추지 않는다.

- The meeting **started** at 10 AM and continued for three hours.
  회의는 오전 10시에 시작되어 세 시간 동안 계속되었다.

- The children **laughed** loudly at the clown's antics.
  아이들은 광대의 익살스러운 행동에 크게 웃었다.

2. 2형식: 주어+불완전 자동사

불완전 자동사는 명사나 형용사 보어를 반드시 가져야 한다.

- He **became** happy.
  그는 행복해졌다.

- He **became** a singer.
  그는 가수가 되었다.

- The weather forecast **looks** good for the weekend.
  주말의 날씨 예보가 좋아 보인다.

3. 3형식: 주어 + 완전 타동사 +목적어

완전 타동사는 반드시 명사, 명사구, 명사절의 목적어를 반드시 가져야 한다.

- Early birds **catch** the worms. 명사 목적어
  일찍 일어난 새는 벌레를 잡는다.
- She **explained** the complex theory in simple terms.
  그녀는 복잡한 이론을 간단한 용어로 설명했다.
- He **enjoyed** the last vacation.
  그는 지난 휴가를 즐겼다.
- I **hope** that you will read it in English someday.
  나는 당신이 언젠가는 그것을 영어로 읽을 것을 희망한다.

4. 4형식: 주어 + 수여동사 + 간접목적어 + 직접 목적어

간접목적어는 '대상'에 해당되며 '～에게' 라고 해석하며, 직접목적어는 '사물'이며 '～을/를'이라고 해석한다. 단, 간접목적어와 직접목적어의 위치는 바뀔 수 있으며, 이는 3형식 문장에 해당이 된다.

- I **gave** my cat some milk. (4형식)
  나는 고양이에게 우유를 줬다.
  ⋯▸ I **gave** some milk to my cat. (3형식)
  나는 우유를 내 고양이에게 줬다.
- He **asked** me a question. (4형식)
  그는 나에게 질문을 하였다.
  ⋯▸ He **asked** a question of me. (3형식)
  그는 질문을 나에게 하였다.
- The teacher **gave** each student a new book.
  선생님은 각 학생에게 새 책을 주었다.
  ⋯▸ The teacher **gave** a new book to each student.

5. 5형식: 주어 + 불완전 타동사 + 목적어 + 목적격 보어

목적격 보어로, 명사나 형용사를 사용할 수 있으며, 해석은 반드시 목적어와 보어의 관계를 연관시켜야 한다.

- I **left** the window open. (the window =open)
  나는 그 창문을 열린 채로 두었다.
- We **call** the girl Olivia. (the girl =Olivia)
  우리는 그 소녀를 Olivia라고 불렀다.
- The manager **appointed** her team leader because of her skills.
  관리자는 그녀의 능력 때문에 그녀를 팀 리더로 임명했다.
- The teacher's encouragement **made** the students confident.
  선생님의 격려는 학생들을 자신감 있게 만들었다.

동사, 해석

014 1형식 완전 자동사 > be동사의 의미

주어 — be동사 { 전치사 ◀ 명사 }   I **am** on my way.

주어 — be동사 / 보어 { 전치사 ◀ 명사 }   I **am** a police officer.
I **am** proud of myself.

읽기를 위한 문법 Point
- 1형식으로 쓰인 be동사의 의미: _____
- 2형식으로 쓰인 be동사의 의미: _____

1. 완전 자동사 be동사
'있다' 또는 '존재하다'라는 의미로 해석된다.

- He **is** here.
  그는 여기 있다.

- I think. Thus, I **am**.
  나는 생각한다 고로 존재한다.

- The artwork **is** over my head.
  그 작품이 머리 위에 있다.

2. 불완전 자동사 be 동사

(1) 형용사 보어

be + 형용사, 현재분사, 과거분사인 경우 주어의 상태가 '...한 상태이다'라고 해석하는 것이 정확하다.

- I **am** angry.
  나는 화났다. (= 나는 화난 상태이다)

(2) 명사 보어

명사 보어의 경우 주어와 같음을 나타내며, 이는 '...이다'라고 해석한다. 주어 = 주격 보어

- I **am** a teacher.
  나는 선생님이다.

답 있다[존재하다], ...한 (상태)이다

015 1형식 완전 자동사 > 유도부사 구문

유도부사	완전 자동사	주어
There / Here	be, stand, exist, live, lie	일반 명사
There / Here	대명사	be, stand, exist, live, lie

There / Here 완전 자동사 주어

읽기를 위한 문법 Point

There/Here + be동사 + 주어 : ___는 있다[존재하다]

1. 주의해야 할 완전 자동사 구문 「there + be동사(완전자동사) + 주어」

유도부사 구문의 경우 동사 이후의 주어의 수에 맞추어서 동사를 일치 시킨다.

(1) There / Here + be동사 + 부정관사(a/an) + 단수 명사

- There **was** a book on the table.
  탁자 위에 책 한권이 있었다.

(2) There / Here + be동사 + (형용사) + 복수명사

- There **are** two dogs in the living room.
  거실에 개 두 마리가 있다.

(3) There / Here + be동사 + 부정(不定)형용사(some/many/no) + 명사

- There **was** no dog in the living room.
  거실에 개가 한 마리도 없었다.
- There **were** some people in the stadium.
  경기장에 몇몇 사람들이 있었다.

주어

016 자동사와 타동사 쓰임에 따라 의미가 달라지는 동사

do 자동사 **do 타동사**

동사	타동사로 쓰일 때	자동사로 쓰일 때
increase	~을 증가시키다	증가하다
fold	~을 접다	접히다
evolve	~을 진화시키다	진화하다
agree	~에 대해 합의를 보다	동의하다
read	~을 읽다	읽히다
tell	~을 말하다	효과가 있다
play	~을 하다	공연되다
work	~을 하다	일하다, 효과가 있다, 작동하다, 작용하다
do	~을 하다	충분하다, 도움이 되다
pay	~을 지불하다	이익이 되다, 수지가 맞다
count	~을 세다	중요하다

> **읽기를 위한 문법 Point**
> 동사의 경우 문장내에서 자동사 또는 타동사 쓰임에 따라 ＿＿＿가 크게 달라지는 경우가 존재하므로 해석에 주의 해야 한다.

1. 자동사 work vs. 타동사 work

- The painkiller will **work**. (자동사)
  그 진통제는 효과가 있을 것이다.

- It **works** well. (자동사)
  그것은 효과가 있다.

- They **worked** out the problem for the exam. (타동사)
  그들은 그 문제를 시험을 위해서 풀었다.

2. 자동사 do vs. 타동사 do

- That will **do**. (자동사)
  그것으로 충분하다.

- I will **do** the best that I can. (타동사)
  나는 할 수 있는 데까지 할 것이다.

답 의미

017 2형식 불완전 자동사 > 감각동사

불완전 자동사	보어	의미
look	형용사/ like 명사	~처럼 보이다
feel	형용사/ like 명사	~하게 느끼다
smell	형용사/ like 명사	~한 냄새가 난다
taste	형용사/ like 명사	~한 맛이 난다
become	형용사/명사	~이 되다
remain	형용사/~ing	~한 상태로 남다
keep	형용사/~ing	~한 상태를 유지하다
stay	형용사/~ing	~한 상태로 있다
seem	(to be) 형용사/(to be) 명사	~처럼 보이다
appear	(to be) 형용사	~처럼 보이다

주어 — 불완전 자동사 — 보어

읽기를 위한 문법 Point

동사 look은 'look + 형용사' 또는 'look like + 명사'로 쓰일 때, '~을 보다'의 의미가 아니라 '_____'의 의미로 쓰인다.

1. 감각동사

감각동사는 look, smell, feel, taste 등이 있으며 형용사 보어를 반드시 갖는다. 단, 형용사 보어는 대신해서 'like + 명사'로 쓰일 수 있다.

- It **smells** delicious.
  맛있는 냄새가 난다.
- It **looks like** a big elephant.
  그것은 큰 코끼리처럼 보인다.
- It **tastes** a little sour.
  그것은 약간 신맛이 난다.

2. become류 동사

- They **are** good people.
  그들은 좋은 사람이다.
- He **became** a singer.
  그는 가수가 되었다.
- He **became** tired.
  그는 피곤해졌다.

답 ~처럼 보이다

3. remain류 동사

- The room **remained** quiet.
  그 방은 여전히 조용했다.
- He **kept** silent throughout the meeting.
  그는 회의 내내 침묵을 유지했다.

4. seem류 동사

- She **seems** tired today.
  그녀는 오늘 피곤해 보인다.
- He **appears** to be the best candidate for the job.
  그는 그 직책에 가장 적합한 후보인 것 같다.

5. 해석에 주의해야할 불완전 자동사 표현

- His dream will **come** true someday.
  그의 꿈은 언젠가는 현실이 될 것이다.

관용표현		
grow old (늙어가다)	grow angry (노하다)	grow fat (살찌다)
fall asleep (잠들다)	fall ill[sick] (병나다)	run short (바닥나다)
turn pale (창백해지다)	come true (실현되다)	keep silent (침묵하다)
go bad (상하다)	go mad (미치다)	go blind (장님이 되다)

- As we grow old, we **realize** the importance of family.
  우리는 나이가 들면서 가족의 중요성을 깨닫게 된다.
- She **fell** asleep while **reading** her book.
  그녀는 책을 읽다가 잠들었다.
- He **turned** pale when he heard the shocking news.
  그는 충격적인 소식을 듣고 창백해졌다.
- The milk will **go** bad if you leave it out of the refrigerator.
  우유를 냉장고 밖에 두면 상할 것이다.
- We **are running** short of time to finish the project.
  우리는 프로젝트를 끝낼 시간이 부족하다.
- He **went** blind after a severe illness.
  그는 심각한 병을 앓고 난 후 시력을 잃었다.

018 다양한 타동사구

읽기를 위한 문법 Point

타동사 뿐만 아니라, ＿＿＿＿＿ 역시 문장에서 목적어를 갖으며 타동사의 역할을 할 수 있다.

1. 타동사구

타동사구는 목적어를 필요로 하는 타동사와 다른 요소가 결합된 동사구이다.

(1) [타동사+부사] 형

[타동사+부사] 형 타동사구	call up fix up read through watch around	~을 떠올리다 ~을 고치다 ~을 독파하다 ~주의를 살펴보다	figure out give up take back leave out	~을 이해하다, 알아채다 ~을 포기하다 ~을 철회하다 ~을 생략하다

- I can't **figure out** what he's trying to say.
  나는 그가 무슨 말을 하려고 하는지 이해할 수 없다.
- She decided to **give up** smoking for her health.
  그녀는 건강을 위해 담배를 끊기로 결심했다.

(2) [자동사+전치사] 형

[자동사+전치사] 형 타동사구	correspond to consist in consist of listen to pass for see into	~에 상당하다, 해당하다 ~에 존재하다 ~으로 구성되다 ~을 경청하다 ~으로 통하다 ~을 조사하다	take after wait on get out dream of get in	~를 닮다 ~을 시중들다 ~에서 떠나다, 나가다 ~을 꿈꾸다 ~에 도착하다, (차 따위를) 타다
	amount to apologize to care for	~에 달하다 ~에게 사과하다 ~을 돌보다, 좋아하다	get through abound with act on	~을 끝내다, 종료하다 ~이 풍부하다 ~에 작용하다

- She **takes after** her aunt in her artistic talents.
  그녀는 예술적 재능 면에서 이모를 닮았다.
- He worked hard to **get through** the tough exam.
  그는 어려운 시험을 통과하기 위해 열심히 공부했다.

(3) [타동사+명사+전치사] 형

[타동사 + 명사 + 전치사]형 타동사구	get hold of take notice of have faith in give a tour of	~을 얻다 ~을 주목하다 ~을 믿고 있다 ~을 구경시켜주다	make way for take charge of take pride in give rise to	~에 길을 양보하다 ~을 맡다 ~을 자랑하다 ~을 일으키다

- The new law **gave rise to** many protests.
  그 새로운 법은 많은 항의를 야기했다.
- She was asked to **take charge of** the project.
  그녀는 그 프로젝트를 맡아달라는 요청을 받았다.

(4) [자동사+부사+전치사] 형

[자동사 + 부사 + 전치사] 형 타동사구	come up to look out upon put up at	~에 이르다/동등하다 ~을 전망하다 ~에 숙박하다	look up to make up for follow up on	~을 존경하다 ~을 보상·보충하다 ~을 따르다

- Many young athletes **look up to** professional sports players.
  많은 젊은 운동선수들이 프로 스포츠 선수들을 존경한다.
- We need to work on the weekend to **make up** for lost time.
  우리는 잃어버린 시간을 만회하기 위해 주말에 일해야 한다.

(5) [타동사+목적어+전치사+명사] 형

① S+공급동사+A with B → A에게 B를 ~(공급)하다

공급동사	provide(공급하다), supply(공급하다)	A with B → B to(for) A
	furnish(공급하다), replenish(보충하다), endow(수여하다), credit(인정하다), equip(장비를 갖추다), present(주다)	A with B → B to(for) A
	compare(비교하다), share(공유하다), cover(덮다), connect(연결하다), contrast(대조하다), replace(대체하다), combine(혼합하다)	A with B

- They **provided** the poor **with** relief. → They **provided** relief **to** the poor.
  그들은 불우한 사람들에게 구호품을 제공했다.

② S+제거/박탈 동사+A+of B ⇒ A에게서 B를 ~(제거/박탈)하다

제거/박탈 동사	rob(도둑질하다) deprive(빼앗다) rid(제거하다) cure(치료하다) ease(진정시키다) relieve(없애주다) clear(치우다, 비우다) empty(비우다)	A of B	steal(훔치다)	B from A

- The big man **robbed** him **of** the money.
  그는 그 덩치 큰 남자에게 돈을 도둑맞았다
- The burglar **stole** jewelry **from** the safe.
  그 강도는 금고에서 보석을 훔쳤다.

③ S+통고/확신동사+A+of B ⇒ A에게 B를 (통고/확신)하다.

통고/확신 동사	inform(알리다) remind(상기하게 하다) assure(확신하게 하다) warn(경고하다) accuse(고발하다) convince(확신하게 하다) notify(알리다)	A(사람) of B : 3형식
		A(누구) that 주어 + 동사 : 4형식

- I **informed** members **of** the location.
  나는 회원님들께 위치에 대하여 알려드렸다.
- She **convinced** him **of** the importance of regular exercise.
  그녀는 그에게 규칙적인 운동의 중요성을 확신시켰다.

타동사구

019 4형식 수여동사 > 4형식에서 3형식으로 변화

주어 → 수여동사 ← 간접목적어 ← 직접목적어

↓

주어 → 완전타동사 ← 직접목적어 ← 전치사 ← 간접목적어

give류 동사	의미	목적어	전치사	목적어
give	~을 -에게 주다	직접목적어 (사물)	to	간접목적어 (대상)
tell	~을 -에게 말하다			
show	~을 -에게 보여주다			
sell	~을 -에게 팔다			
offer	~을 -에게 제안하다			
send	~을 -에게 보내다			
write	~을 -에게 쓰다			
buy류 동사	**의미**	**목적어**	**전치사**	**목적어**
buy	~을 -에게 사주다	직접목적어 (사물)	for	간접목적어 (대상)
build	~을 -에게 지어주다			
cook	~을 -에게 요리해주다			
choose	~을 -에게 골라주다			
make	~을 -에게 만들어주다			
ask류 동사	**의미**	**목적어**	**전치사**	**목적어**
ask	~을 -에게 묻다, 요청하다	직접목적어 (사물)	of	간접목적어 (대상)

읽기를 위한 문법 Point

give + A + B: A___ B___ 주다, give + B + to + A: B___ A___ 주다

1. 수여동사: '~에게 …을 제공하다'라는 의미로, 목적어가 두 개다.

- I **gave** my cat some meat. ⋯▶ I **gave** some meat **to** my cat. 나는 나의 고양이에게 고기 일부를 주었다.
- I **bought** her a watch. ⋯▶ I **bought** a watch **for** her. 나는 그녀에게 시계를 사주었다.
- She **asked** me a question. ⋯▶ She **asked** a question **of** me. 그녀는 나에게 질문을 하였다.

답 에게, 을[를], 을[를], 에게

020 4형식 수여동사 > 직접목적어로 that절이 올 수 있는 동사

주어	수여동사	간접목적어	직접목적어
	remind		~에게 …을 상기시키다
	convince		~에게 …을 확신시키다
	inform		~에게 …을 알리다
	assure	(간접) 목적어 (대상)	of 명사(구) that 주어 동사
	warn		~에게 …을 보증하다
	accuse		~에게 …을 경고하다
	notify		~에게 …을 고소하다
	tell		~에게 …을 통지하다
	advise		~에게 …을 말하다
			~에게 …을 충고하다

읽기를 위한 문법 Point

수여동사의 경우 직접목적어의 자리에 ___ 을 사용할 수 있는 동사 remind, convince, inform등은 해석에 주의 해야 한다.

1. 동사 remind

- The teacher reminded students **of the lesson**.
  선생님은 학생들에게 그 수업을 상기시켜 주었다.
- The teacher reminded students **that they should not be late for class**.
  선생님은 학생들에게 수업에 지각하면 안된다는 것을 상기시켜 주었다.

2. 동사 assure

- They assured me **of their support**.
  그들은 내게 그들의 지지에 대해 확신을 주었다.
- They assured me **that they would support**.
  그들은 나를 지지해줄 것이라는 확신을 주었다.

답 절

021 5형식 불완전 타동사

주어	불완전 타동사	목적어	보어	
주어	불완전 타동사	목적어	명사	신분, 이름
			to부정사 / 동사원형	~하고 있는
			형용사(구)	상태, 성질
			현재분사	~하고 있는
			과거분사	~ 당한

읽기를 위한 문법 Point

see + 목적어 + 현재분사: _____목적어를 보다, see + 목적어 + 과거분사: _____목적어를 보다

1. 불완전 타동사의 보어

- I left the window **open**. (형용사 보어)
  나는 창문을 열어뒀다.

- We call the girl **Olivia**. (명사보어)
  우리는 그 소녀를 Olivia라고 부른다.

- She made him **do it**. (동사원형 보어)
  그녀는 그가 그것을 하도록 만들었다.

- I believe her **(to be) honest**. (to부정사 보어)
  나는 그녀가 정직하다고 믿는다.
  Top tip ★ to be가 생략되면 형용사 보어로도 볼 수 있답니다!

- I heard his name **called**. (과거 분사 보어)
  나는 그의 이름이 불리는 것을 들었다.

- I saw a cat **running down the street**. (현재 분사 보어)
  나는 고양이가 길에서 뛰는 것을 보았다.

2. 지각동사의 보어

「S + 지각동사 + O + 동사원형 / -ing(현재분사) / p.p.(과거분사)」 형태로 나타나며, 외부의 상황에 대해서 보고, 듣고, 느끼는 것을 나타내는 동사이다. 목적어와 목적격 보어의 관계가 능동일 때, 목적격 보어로 동사원형[원형부정사] 또는 현재분사를 쓰며, 목적어와 목적격 보어의 관계가 수동일 때, 목적격 보어로 과거분사를 쓴다.

주어	불완전타동사	목적어	목적격보어
명사	see, hear, watch, observe, notice, witness, feel, perceive	목적격	동사원형 **to** 동사원형 ~ing (현재분사) ~ed (과거분사)

- I **saw** her **cross[crossing]** the bridge.
  나는 그녀가 다리를 건너는 것을 보았다.

- I **saw** her **dressed** in a beautiful gown.
  나는 그녀가 아름다운 드레스를 입고 있는 것을 보았다.

3. 사역동사의 보어

(1) 사역동사 make, have, let

사역동사는 '~을 시키다, 허락하다' 등의 의미로 목적어와 목적격 보어의 관계에 따라서 보어의 형태가 바뀐다.

- The teacher **made** the students do their homework.
  선생님은 학생들에게 숙제를 하게 시켰다.

- I **had** the mechanic fix my car.
  나는 정비공에게 내 차를 고치게 했다.

- She **had** her car repaired.
  그녀는 차를 수리받았다 (정비사에게 차를 수리하게 했다).

- Her parents **let** her go to the party.
  그녀의 부모님은 그녀가 파티에 가는 것을 허락했다.

(2) 준사역동사 get, help

get은 '~시키다'의 의미일 때, 목적격보어로 to부정사 또는 현재 분사가 가능하다. 단, '~당하다'의 의미일때는 목적격 보어로 과거분사를 사용한다.

- She **helped** me **(to) finish** my project.
  그녀는 내가 프로젝트를 끝내도록 도와주었다.

- She **got** her kids **to eat (eating)** their vegetables.
  그녀는 아이들에게 야채를 먹게 했다.

- She **got** her house **cleaned**.
  그녀는 집을 청소받았다 (누군가에게 집을 청소하게 했다).

4. want류 동사

권고, 강요, 허락, 기대, 희망, 통보동사가 왔을 때, 목적격 보어 자리에 to부정사를 사용한다.

주어	불완전 타동사	목적어	목적격보어
주어	ask, allow, advise, cause, enable, encourage, expect, force, forbid, get, invite, order, permit, persuade, teach, tell, warn	목적격	to 동사원형 ~~ing~~ 동사원형

• The teacher encouraged her student to make a dream.
그 선생님은 그녀의 학생에게 꿈을 가지라고 격려했다.   ~하고 있는 / ~ 당하는

022 주의해야 할 자동사와 타동사

읽기를 위한 문법 Point

동사 lay는 3인칭 단수 주어를 가졌을때, lays로 제시된다면 반드시 _____를 가져야 한다.

동사의 3단 변화(원형 - 과거 - 과거분사)			의미
lie	lied	lied	거짓말하다
lie	lay	lain	눕다, 있다, 존재하다
lay	laid	laid	~을 놓다, 알을 낳다
rise	rose	risen	상승하다
raise	raised	raised	~을 올리다, 기르다, (자금 등을) 모으다
sit	sat	sat	앉다
seat	seated	seated	~을 앉히다
find	found	found	~을 발견하다
found	founded	founded	~을 설립하다.

1. **lie-lay-lain** : (자동사) 눕다, 놓여 있다
   lay-laid-laid : (타동사) ~을 놓다

   • I **lay** down on the floor. 나는 바닥에 누웠다.
   ⋯▶ I **laid** myself down on the floor. 나는 내몸을 바닥에 눕혔다.

2. **sit-sat-sat** : (자동사) 앉다
   seat-seated-seated : (타동사) ~을 앉히다

   • He **sat** on a chair. 그는 의자에 앉았다.
   • He **seated** himself on a chair.
   ⋯▶ He **was seated** on a chair.
   그는 의자에 앉았다.

3. **rise-rose-risen** : (자동사) 물가가 오르다, 일어나다
   raise-raised-raised : (타동사) ~을 올리다, 재배하다, ~을 제기하다

   • He **rose** on a floor.
   ⋯▶ He **was raised** on a floor.
   그는 바닥에서 일어났다.

목적어

CHAPTER 02
Exercise

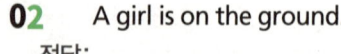 다음 문장의 형식을 구분하시오.

01 I lived alone.
정답:

02 A girl is on the ground.
정답:

03 Plants get nutrients from the soil.
정답:

04 She made me a new suit.
정답:

05 The word made me sad.
정답:

빠른 정답 Check ✓

01 1형식
02 1형식
03 3형식
04 4형식
05 5형식

CHAPTER 02
Exercise 정답 및 해설

01

해설 완전자동사 lived(live의 과거형) 뒤에 '홀로'라는 뜻의 부사 alone이 사용되었으므로 1형식에 해당된다.

구문분석
I / lived / (alone).
S   V

직독직해 나는 / 살았다 / 홀로

해석 나는 홀로 살았다.

02

해설 완전자동사 is 뒤에 전명구가 존재하므로 1형식에 해당된다.

구문분석
A girl / is (on the ground).
  S   V

직독직해 그 소녀는 / 있다 (~위에 / 운동장)

해석 그 소녀는 운동장에 있다.

03

해설 완전타동사 get 뒤에 명사 nutrients가 목적어로 사용되었으므로 3형식에 해당된다.

구문분석
Plants / get / nutrients (from the soil).
  S   V   O

직독직해 식물은 / 얻다 / 영양소를 (흙으로부터)

해석 식물은 흙으로부터 영양소를 얻는다.

04

해설 수여동사 made(make의 과거형) 뒤에 me가 간접목적어로 사용되었고 a new suit가 직접목적어로 사용되었으므로 4형식에 해당된다. me≠a new suit이므로 5형식으로 볼 수 없다.

구문분석
She / made / me / a new suit.
 S   V   I.O   D.O

직독직해 그녀는 / 만들어주었다 / 나에게 / 새로운 정장을

해석 그녀는 나에게 새로운 정장을 만들어주었다.

05

해설 불완전타동사 made(make의 과거형) 뒤에 명사 me가 목적어로 사용되었고 형용사 sad가 목적격 보어로 사용되었으므로 5형식에 해당된다. me=sad이므로 4형식으로 볼 수 없다.

구문분석
The word / made / me / sad.
    S   V   O   O.C

직독직해 그 말은 / 만들었다 / 나를 / 슬픈

해석 그 말은 나를 슬프게 만들었다.

CHAPTER 03 전치사

전치사란? 말 그대로 '앞에 위치하는 품사'라는 뜻입니다. 그 '앞'은 바로 목적어 앞을 의미합니다. 전치사는 반드시 목적어를 가져야만 하는 품사이기에, 타동사와 같은 무게감을 자랑합니다. 하지만, 문장 속에서 'to', 'for', 'on', 'by'와 같이 눈에 별로 뛰지 않아서 그 무게감을 알 수 없었다면, 이 장에서 타동사급 중후함을 자랑하는 전치사에 대한 본질적인 이해부터 차근차근 해 나가자. 전치사는 항상 목적어 즉 명사 계열과 함께하며, 이점이 바로 출제 주요 포인트이다. 목적어를 이루는 계열 중에 주로 타동사의 목적어와 전치사의 목적어를 비교하는 영역이 바로 그 출제 포인트이다. 이점에 대해서 정확하게 해당 과에서 알아보며, 전명구를 이루고 있고 문장 안에서 어떤 품사기능을 하느냐에 따라서 형용사구와 부사구 기능을 하므로, 해석에 유의하자.

023 전치사

024 한 눈에 보는 전치사

025 구 전치사 vs. 이중 전치사

023 전치사

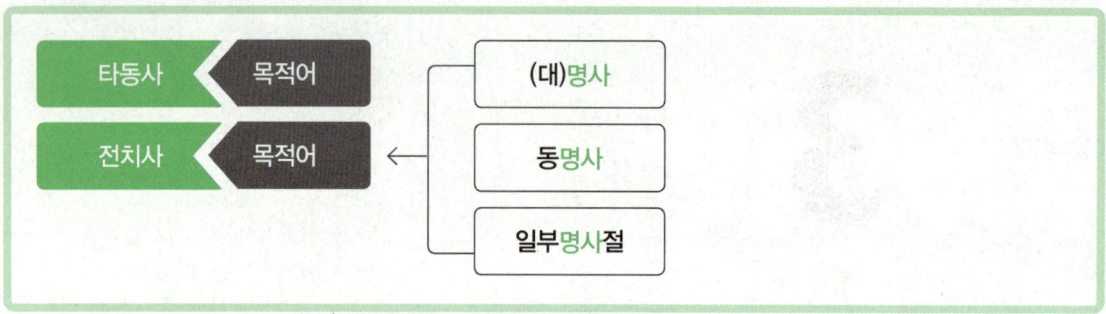

읽기를 위한 문법 Point

문장에서 '전치사+명사'인 전명구는 _____ 의 역할을 한다.

1. 전치사의 역할

주로 명사 또는 대명사와 결합하여 형용사구나 부사구를 만든다.

- Tom received a love letter **in English**. (형용사구)
  톰은 영어로 쓰인 연애편지를 받았습니다.
- I studied economy **in New Zealand for five years**. (부사구)
  나는 뉴질랜드에서 5년 동안 경제학을 공부하였다.

2. 전치사와 목적어의 위치

전치사의 목적어는 전치사 바로 뒤에 놓이는 것이 원칙이다.
의문사가 전치사의 목적어인 의문문에서 의문사와 전치사는 분리되게 된다.

- Where does she come **from**?
  그녀는 어디 출신입니까?
- Whom did Mark do that **for**?
  마크는 누구를 위해 그것을 했습니까?

답 수식

024 한 눈에 보는 전치사

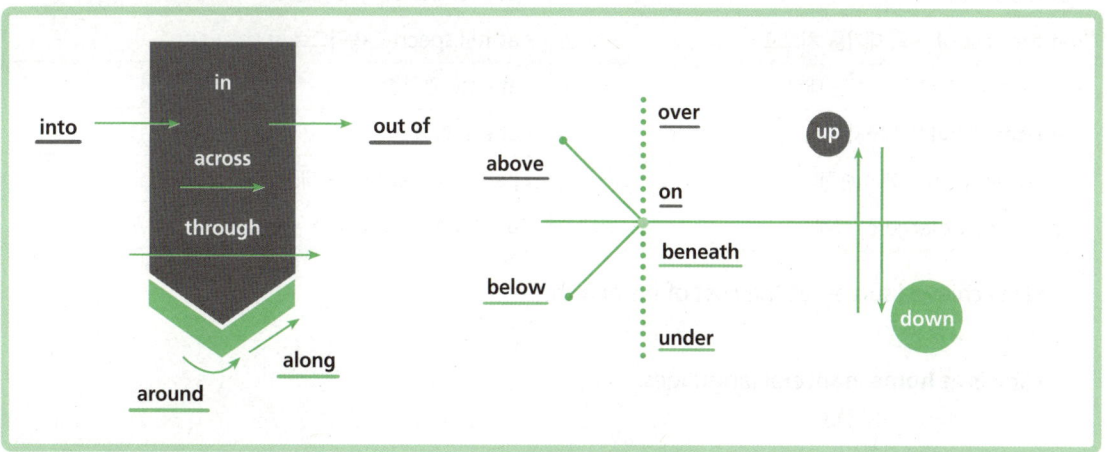

> **읽기를 위한 문법 Point**
>
> go for ~ : ~을 _____, go against ~ : ~을 _____

1. 주요 전치사

(1) against: 기본적으로 두 힘이 맞서는 관계 표현

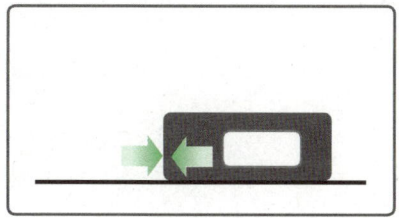

- Senator Edwards voted **against** the abortion bill.
  에드워드 상원의원은 낙태 법안에 반대하는 표를 던졌다.

(2) at: 점으로 인식되는 개념, "한 지점, 한 시각"을 표현

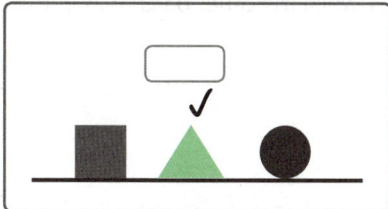

- They are **at** the top of Mt. Everest.
  그들은 에베레스트 산 정상에 있다.

- Let's meet **at** 6 in front of the department store.
  백화점 앞에서 6시에 만나자.

답 지지하다, 반대하다

기타 at과 관련된 관용구	
• at table 식사 중	• at the rate of ~의 비율로
• at the cost of ~의 대가를 치르고	• at full speed 전속력으로
• at random 함부로, 닥치는 대로	• at ease 편안한
• at odds 의견이 일치하지 않는	• at sea 항해 중
• be at home in ~에 정통하다	• people at large 일반대중
• the world at large 전 세계	• at all times 늘, 언제나

- He achieved success **at the cost of** his health.
  그는 건강을 희생하면서 성공을 이루었다.

- She **is at home in** several languages.
  그녀는 여러 언어에 정통하다.

(3) from: 출발점의 개념

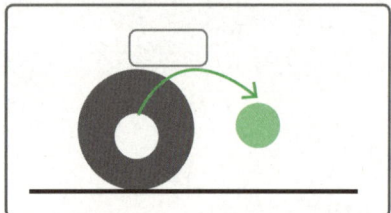

- I borrowed a book **from** the library.
  나는 그 도서관에서 책 한 권을 빌렸다.

(4) in(into): '안으로'의 개념

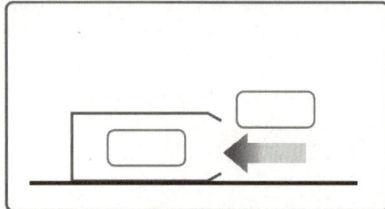

- They poured the rest of the doughs **into** a cookie cutter while the other batch was in the oven.
  그들은 다른 반죽들이 오븐에 있을 때 쿠키 틀에 남은 반죽들을 부었다.

(5) for: 방향, 목적, 이유

- Korean actress, Jang Nara, looks young **for** her age.
  한국 여배우인 장나라는 나이에 비해 어려 보인다.

(6) of: 소속, 부분, 성질, 원인 등의 관계

- The problem **of** pollution is getting worse.
  오염 문제는 점점 심각해지고 있다.

- If we don't help them, they will die **of** hunger or diseases.
  우리가 그들을 돕지 않는다면, 그들은 배고픔이나 질병으로 목숨을 잃게 될 것이다.

(7) on: 두 대상이 접촉해 있는 물리적 관계

- They will have a conference **on** Sustainable developmental goals.
  그들은 지속가능한 개발 목표에 대한 회의를 가질 것이다.

(8) out of: 외부에 있는 상태 또는 (밖으로) 나오는 운동 상태

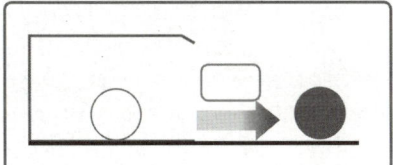

- His son is **out of** control. 그 사람의 아들은 통제 불능이야.

out of date 구식의	control 통제할 수 없는	stock 재고가 떨어진
shape 아픈	sorts 불쾌한	bounds 출입금지의
print 절판된	place(=not suitable) 적합하지 않은	order 고장 난
blue 갑자기 예고 없이	reach 힘이 미치지 않는	hand 즉시
season 제철이 아닌	the question 불가능한	spirits 우울한

(9) with: 동반, 수반을 나타내는 개념

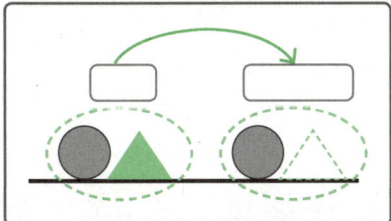

- Rub your hands **with** soap. 손에 비누칠을 하세요.

(10) through: 통과, 관통의 의미(~을 뚫고, ~을 관통하여)

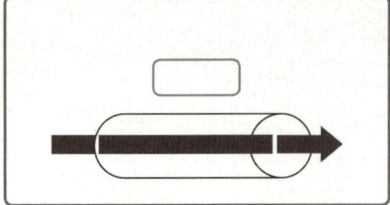

- The flower shop is open from Monday **through** Sunday.
  가게는 월요일부터 일요일까지 연다.

(11) by: 전치사로 "완료"의 의미

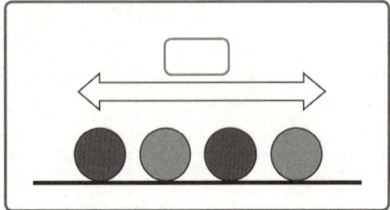

- They will be here **by** 10 o'clock.
  그들은 10시까지 여기에 올 것이다.

(12) to: '~을 향해서'라는 의미로 방향 및 대상의 개념

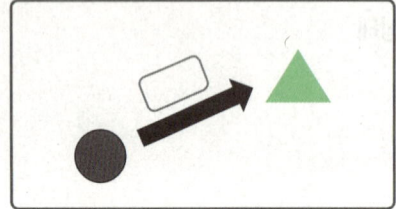

- I look forward to the homecoming day.
  나는 동창회 날을 기대한다.

(13) over: '초과'의 개념

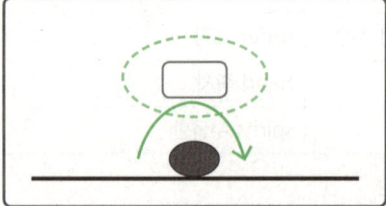

- I have been unemployed for over two years.
  나는 2년 넘게 실업자 신세야.

025 구 전치사 vs. 이중 전치사

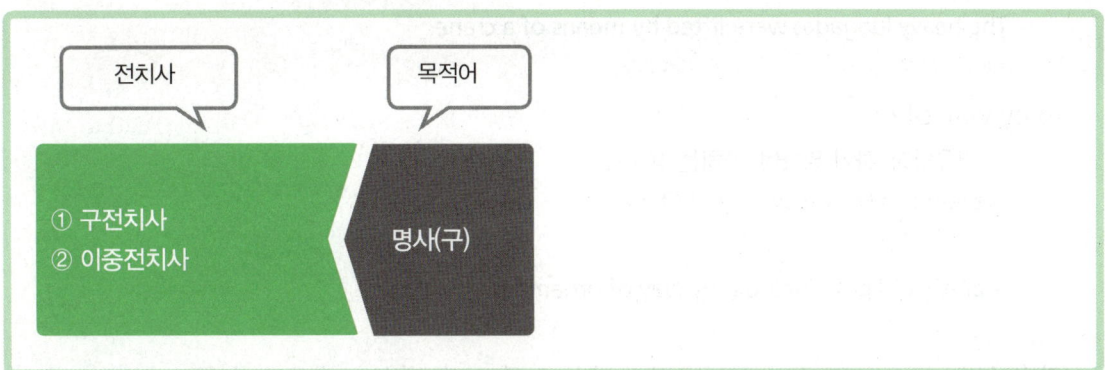

읽기를 위한 문법 Point

전치사는 단일 전치사뿐만 아니라 전치사 포함 2개 이상의 단어인 구로 이루어진 _____ 와 2개의 전치사가 포함된 _____ 가 있다.

1. 구 전치사의 종류

- Festivals are often canceled **because of** rain. (~때문에)
  축제는 종종 비 때문에 취소된다.

- All classes were canceled **due to** the earthquake. (~때문에)
  모든 수업은 지진 때문에 취소되었다.

- We accepted all the applicants **regardless of** nationality. (~에 상관없이)
  우리는 국적에 상관없이 모든 지원자를 수용했다.

2. 이중전치사

2개 이상의 전치사를 계속해서 쓰는 것을 이중 전치사라 한다.

(1) on account of ~ = on the ground of ~

   (= owing to ~ = due to ~)
   : ~때문에 (이유를 표시하는 전치사구)
- She cannot accept his invitation **on account of** her illness.
  그녀는 아파서 그의 초대를 받을 수 없었다.

(2) in spite of ~ = in the face of ~

   (= for all ~ = after all ~) : ~에도 불구하고.
- The cat went out **in spite of** a storm.
  그 고양이 폭풍에도 불구하고 나갔다.

(3) by means of ~ = by dint of ~ = by virtue of ~

: ~의 덕택으로, ~에 의해서.
- The heavy luggages were lifted **by means of** a crane.
  무거운 짐들은 기중기에 의해 들어졌습니다.

(4) by way of ~

: ~ 경유하여, 하기 위하여, ~하는 셈으로
- We went to France by way of China.
  우리는 중국을 경유해서 프랑스로 갔다.
- A pretty girl put a hair pin by way of ornament.
  예쁜 소녀는 장식으로 머리핀을 했다.

(5) for the purpose of ~ = with the object of ~ = with a view to/of ~

: ~ 할 목적으로.
- He entered college **for the purpose** of studying mechanical engineering.
  그는 기계 공학을 배우기 위해 학교에 들어갔다.

(6) for the sake of ~ = for the good of ~ = for the benefit of ~

: ~을 위하여, ~의 이익을 위해.
- Change **for the sake of** change is usually not a good thing.
  변화를 위한 변화는 대개 좋은 일이 아닙니다.

(7) in accordance with ~

: ~에 따라서, ~와 일치하여.
- Your actions are not **in accordance with** common sense.
  너의 행동은 상식에 어긋난다.

(8) in comparison with ~ (= compared with ~)

: ~과 비교하면.
- This fish is quite big **in comparison with** the other one.
  그 물고기는 다른 것에 비해 매우 컸다.

(9) in consequence of ~ = as a result of ~

: ~의 결과로서.
- Shipment has been paralysed **in consequence of** strikes.
  태업으로 선적(船積) 이 중단되었다.

(10) in proportion to + 명사 (= according to + 명사)

: ~에 따르면, ~에 따라
- **According to** the rule, he can choose one of them.
  규칙에 따라 그는 그것들 중 하나를 선택할 수 있다.

cf. **according as + 주어 + 동사 = in proportion as + 주어 + 동사**

: ~에 의하면, ~에 따라서.
- You will get a raise **according as** it is on the contract.
  계약에 준하여 당신은 인상된 월급을 받을 것입니다.

(11) in case of + 명사 = in the event of

　　: ~할 경우에는.
- The company can dismiss its employees **in case of** misconduct.
　회사는 부정 행위의 경우 종업원을 해고할 수 있다. *cf.* in case (that) + 주어 + 동사

　　: ~할 경우에는, ~에 대비하여.
- He grabbed a stick just **in case** the dog weighed into him.
　그는 개가 자기를 공격할 경우를 대비하여 막대기를 손에 쥐었다.

(12) at the mercy of ~ = in the power of ~

　　: ~에 좌우되어, ~의 처분대로.
- Your grades lie **at the mercy of** the professor.
　네 성적은 그 교수님에 의해 좌우된다.

🗒 구전치사, 이중 전치사

CHAPTER 03
Exercise

> 다음 문장에서 밑줄 친 전치사구가 수식하는 대상을 찾으시오.

01 The book <u>on the table</u> is mine.
정답:

02 She is reading a letter <u>from her friend</u>.
정답:

03 They are looking for a house <u>with a garden</u>.
정답:

04 He is proud <u>of his achievements</u>.
정답:

05 She sang beautifully <u>at the concert</u>.
정답:

빠른 정답 Check ✓

01 book
02 letter
03 house
04 proud
05 sang

CHAPTER 03
Exercise 정답 및 해설

01

[해설] 'on the table'은 '테이블 위에 있는'이라는 의미로 책이 어디에 있는지를 설명하고 있다. 따라서 'on the table'은 'book'을 수식한다.

[구문분석] The book (on the table) is / mine.
　　　　　　S　　　　　　　　　　V　　S.C

[직독직해] 그 책은 (테이블 위에 있는) ~이다 / 내 것

[해석] 테이블 위에 있는 그 책은 내 것이다.

02

[해설] 'from her friend'는 '친구에게서 온'이라는 의미로 편지가 어디에서 왔는지를 설명하고 있다. 따라서 'from her friend'는 'letter'을 수식한다.

[구문분석] She / is reading / a letter (from her friend).
　　　　　　S　　　　V　　　　　　O

[직독직해] 그녀는 / 읽고 있는 중이다 / 편지를 (친구에게서 온)

[해석] 그녀는 친구에게서 온 편지를 읽고 있다.

03

[해설] 'with a garden'은 '정원이 있는'이라는 의미로 집의 특징을 설명하고 있다. 따라서 'with a garden'은 'house'를 수식한다. 더해 'look for'는 해당 문장에서 '~을 찾다'의 의미로 사용되었다.

[구문분석] They / are looking (for a house) (with a garden).
　　　　　　S　　　　V

[직독직해] 그들은 / 찾고 있는 중이다 (집을) (정원이 있는)

[해석] 그들은 정원이 있는 집을 찾고 있다.

04

[해설] 'of his achievements'는 '자신의 성취에 대해'라는 의미로, 자랑스러워하는 이유를 설명하고 있다. 따라서 'of his achievements'는 'proud'를 수식한다.

[구문분석] He / is / proud (of his achievements).
　　　　　　S　　V　　S.C

[직독직해] 그는 / ~이다 / 자랑스러운 (자신의 성취에 대해)

[해석] 그는 자신의 성취에 대해 자랑스러워한다.

05

[해설] 'at the concert'는 '콘서트에서'라는 의미로, 노래한 장소를 설명하고 있다. 따라서 'at the concert'는 'sang'을 수식한다.

[구문분석] She / sang (beautifully) (at the concert).
　　　　　　S　　　V

[직독직해] 그녀는 / 노래했다 (아름답게) (콘서트에서)

[해석] 그녀는 콘서트에서 아름답게 노래했다.

CHAPTER 04 시제

우리말의 시제는 '현재'와 '과거' 그리고 '미래' 깔끔하게 3가지이다. 하지만, 영어의 시제는 12시제로 구분한다. 우리말과 다르게 다양한 시제가 존재하는 데는 시간에 대한 서양 사람들의 개념에서 기인한다. 여기서는 그들의 필요에 의한 다양한 시제를 본질적으로 이해하고, 출제의도를 역으로 파악하는 데 목적을 두고 공부하자!

026 3시제 vs. 12시제

027 단순 시제 – 현재

028 왕래 발착 동사

029 단순 시제 – 과거

030 단순 시제 – 미래

031 미래 시제 대용 – 시간 조건의 부사절

032 구간 시제 – 현재 완료

033 현재 완료 since 구문

034 과거 완료 vs. 대과거

035 미래 완료

036 복합 시제 〉 완료 진행

026 3시제 vs. 12시제

	대과거 had gone	과거 went	현재 go(es)	미래 will go
		과거진행 was going were going	현재진행 am going are going is going	미래진행 will be going
		과거완료 had gone	현재완료 have[has] gone	미래완료 will have gone
		과거완료진행 had been going	현재완료진행 have[has] been going	미래완료진행 will have been going

읽기를 위한 문법 Point

우리말의 시제는 3시제이고, 영어의 시제는 __ 시제이므로 그 의미 파악에 주의 해야 한다.

시제	과거		현재		미래	
단순	과거	was / were	현재	am / are / is	미래	will + 동사원형
진행	과거진행	was / were + -ing	현재진행	am / are / is + going	미래진행	will be -ing
완료	과거완료	had p.p.	현재완료	have / has p.p.	미래완료	will have p.p.
완료진행	과거 완료진행	had been -ing	현재 완료진행	have / has been -ing	미래 완료진행	will have been -ing

1. 단순시제

(1) 과거
- They **went** to festival.
  그들은 축제에 갔었다.

(2) 현재
- They **go** to festival.
  그들은 축제에 간다.

(3) 미래
- They **will go** to festival.
  그들은 축제에 갈 것이다.

2. 진행시제

(1) 과거진행
- They **were going** to festival.
  그들은 축제에 가는 중이었다.

(2) 현재진행
- They **are going** to festival.
  그들은 축제에 가는 중이다.

(3) 미래진행
- They **will be going** to festival.
  그들은 축제에 가는 중일 것이다.

3. 완료시제

(1) 과거완료
- They **had gone** to a festival before it started raining.
  비가 오기 전에 그들은 축제에 갔었다.

(2) 현재완료
- They **have gone** to festival.
  그들은 축제에 가버렸다.

(3) 미래완료
- They **will have gone** to festival.
  그들은 축제에 가버렸을 것이다.

4. 완료 진행 시제

(1) 과거완료진행
- They **had been going** to festival after the class finished.
  그 수업이 끝난 후에 그들은 축제에 가는 중이었다.

(2) 현재완료진행
- They **have been going** to festival.
  그들은 축제에 가는 중이었다.

(3) 미래완료진행
- They **will have been going** to festival.
  그들은 축제에 가는 중일 것이다.

답 12

027 단순 시제 > 현재

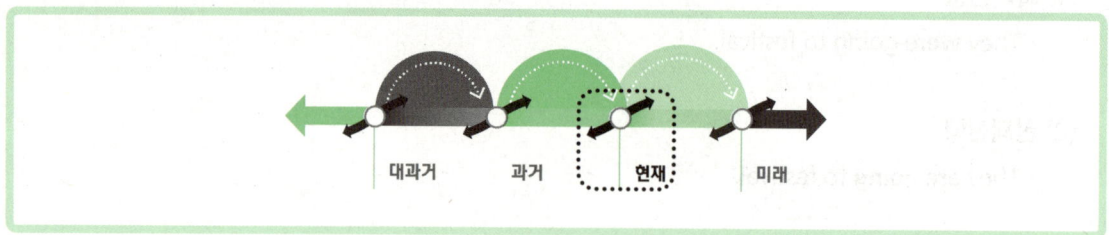

읽기를 위한 문법 Point

불변의 진리 및 습관을 나타낼 때, _____ 시제를 사용한다.

1. 현재 시제

지금 이 순간의 사실, 일반적인 진리, 반복되는 일을 나타내는 시제이다.

(1) 현재의 습관적인 동작(습관, 직업, 성질, 능력)
- He **gets up** at seven every morning. 그는 매일 7시에 일어난다.
- She **teaches** French. 그녀는 불어를 가르친다.
- He **doesn't tell** a lie. 그는 거짓말을 하지 않는다.
- She **is** able to speak French well. 그녀는 불어를 잘 말할 수 있다.

(2) 불변의 진리, 격언
- The Sun **rises** from the east. 해는 동쪽에서 뜬다.
- The early bird **catches** the worm. 일찍 일어난 새는 벌레를 잡는다.

(3) 현재의 상태
- I **have** a sister. 나는 여동생이 있다.
- I **like** playing basketball. 나는 농구하는 것을 좋아한다.
- He **lives** in France. 나는 프랑스에 산다.

(4) 정해진 명확한 미래의 상황을 표현
- Tomorrow **is** Friday. 내일은 금요일입니다.
- My school **starts** next month. 학교는 다음 달에 시작한다.

(5) 인용, 생생한 표현
- Albert Einstein **says** that life is like riding a bicycle.
  알버트 아인슈타인은 삶은 자전거를 타는 것과 같다고 말한다.

현재

028 왕래 발착 동사

come	오다
go	가다
arrive	도착하다
leave	떠나다
depart	출발하다
start	시작하다
reach	도착하다
begin	시작하다

읽기를 위한 문법 Point

The train starts from Seoul tomorrow.
그 기차는 내일 서울에서 (출발한다 / 출발할 예정이다).

왕래발착동사와 가까운 미래를 나타내는 부사어구가 함께 쓰일 때 현재 시제나 현재진행형으로 미래를 대신한다.

- They **leave** for Virginia tomorrow.
- They **will leave** for Virginia tomorrow.
- They **are leaving** for Virginia tomorrow.
  그들은 내일 Virginia로 떠난다.

답 출발할 예정이다

029 단순 시제 > 과거

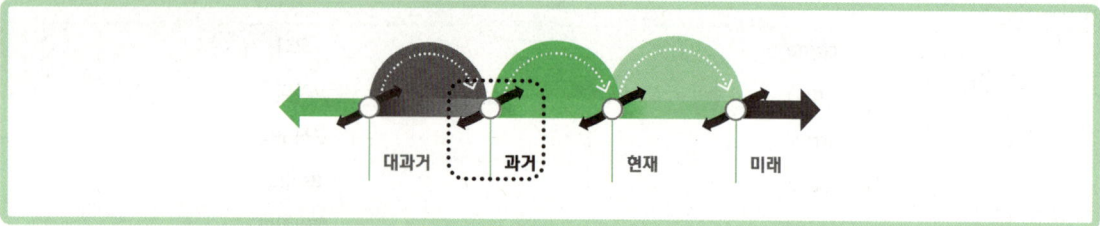

읽기를 위한 문법 Point

역사적 사실을 나타낼 때, _____ 시제를 사용한다.

1. 과거 한 시점에서의 동작 또는 상태

- I **got up** at five this morning.
  나는 이날 아침에 5시에 일어났다.

- She **was** very cute when she was a baby.
  그녀는 아기였을 때 매우 귀여웠다.

2. 역사적 사실

- The first crop circle was **discovered** in England in 1946.
  최초의 크롭 서클은 1946년 영국에서 발견되었다.

- The Korean war **broke out** in 1950.
  한국전쟁은 1950년에 발발했다.

3. 과거의 반복적 습관 (일반적으로 every ~, usually, always, sometimes등의 부사와 함께 사용)

- When young, I **went** to gym every day.
  내가 젊었을 때, 나는 매일 헬스장을 가곤했다.

- I **used to take** a bath on Saturdays. (과거의 규칙적 상태 및 동작)
  나는 토요일마다 목욕을 하곤 했었다.

- I **would** often **go** to school on foot. (과거의 불규칙적인 동작)
  나는 걸어서 학교에 가곤 했었다.

답 과거

030 단순 시제 > 미래

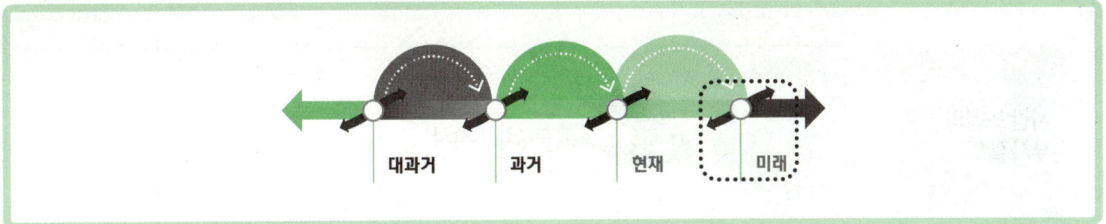

읽기를 위한 문법 Point

The president is to visit the city next week.
대통령은 다음 주에 그 도시를 _____.

미래를 나타내는 조동사 will과 shall의 쓰임

I will (나는 ~하겠다)	You will (너는 ~하게 될 것이다)	He will (그는 ~하게 될 것이다)
I shall (나는 ~하게 될 것이다)	You shall (내가 너를 ~하도록 하겠다)	He shall (내가 그를 ~하도록 하겠다)
Shall I (내가 ~할까요?)	Will you (~하겠어요?)	Shall he (내가 그를 ~하도록 할까요?)

1. 단순미래

미래에 자연히 일어나는 사실에 해당되며, 의지미래와 대비되는 개념이나, 현대 영어에서는 구분을 크게 하지는 않는다.

- I **shall be** twenty five next year. 나는 내년에 25살이 될 것이다.
- The wedding **will take place** in March. 그 결혼은 3월에 이뤄질 것이다.

2. 의지미래

화자의 결심, 의도, 약속, 자발적인 행동을 나타내기 위해 주로 will을 써서 표현하는 미래 시제이다.

- I **will give** you the bag. 나는 너에게 그 가방을 주겠다.
- **Shall I open** the door?
  = Do you want me to open the door? 내가 문을 열어도 될까요?

3. 미래시제 대용어구

be going to 동사원형 (~할 예정이다)
intend to 동사원형 (~할 작정이다)
be supposed to 동사원형 (~하기로 되어있다)
be to 동사원형 (~할 예정이다)
be about to 동사원형 (막 ~하려고 하다)

- He **is going to** buy some socks.
  그는 몇 개의 양말을 살 것이다.
- I **intend to** go to the show.
  나는 공연을 보러갈 생각이다.
- They **are supposed to** meet there.
  그들은 그곳에서 만나기로 되어있다.
- He **is to** arrive tomorrow afternoon. (be to 용법 미래)
  그는 내일 오후에 도착 할 예정이다

방문할 예정이다

031 미래 시제 대용 - 시간 조건의 부사절

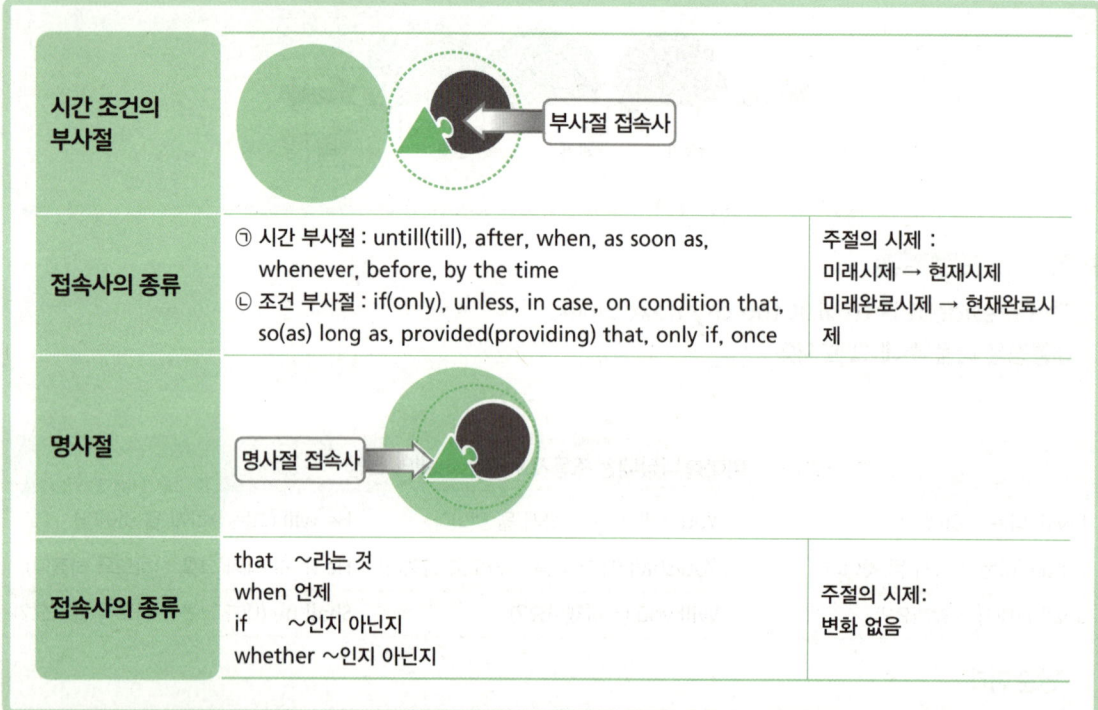

시간 조건의 부사절		
접속사의 종류	㉠ 시간 부사절 : untill(till), after, when, as soon as, whenever, before, by the time ㉡ 조건 부사절 : if(only), unless, in case, on condition that, so(as) long as, provided(providing) that, only if, once	주절의 시제 : 미래시제 → 현재시제 미래완료시제 → 현재완료시제
명사절		
접속사의 종류	that ~라는 것 when 언제 if ~인지 아닌지 whether ~인지 아닌지	주절의 시제: 변화 없음

읽기를 위한 문법 Point

명사절과는 달리, 시간과 조건의 부사절의 동사가 미래 또는 미래 완료 시제를 나타낼 경우, _____ 시제 또는 _____ 시제로 표현한다.

1. 시간 조건의 부사절

- We must wait **till** she comes. 우리는 그녀가 올 때까지 기다려야만 한다.
- Let's go **when** it stops raining. 비가 그치면 가자.
- I will be told the reason **when** she comes back.
  그녀가 돌아온다면, 나는 그 이유를 듣게 될 것이다.

2. 명사절

시간, 조건의 부사절을 제외하고 아래와 같은 명사절의 경우에는 미래 시제를 있는 그대로 사용해야 한다.

- I don't know **when** she will come back. (명사절을 이끄는 의문사 when절)
  그녀가 언제 돌아올지 모르겠다.
- I don't know **if** she will come or not. (명사절을 이끄는 접속사 if절)
  그녀가 돌아올지 안 올지를 모르겠다.
- I don't know the time **when** she will come back. (형용사절을 이끄는 관계부사 when절)
  그녀가 돌아오는 시간을 모르겠다.

현재, 현재 완료

032 구간 시제 > 현재 완료

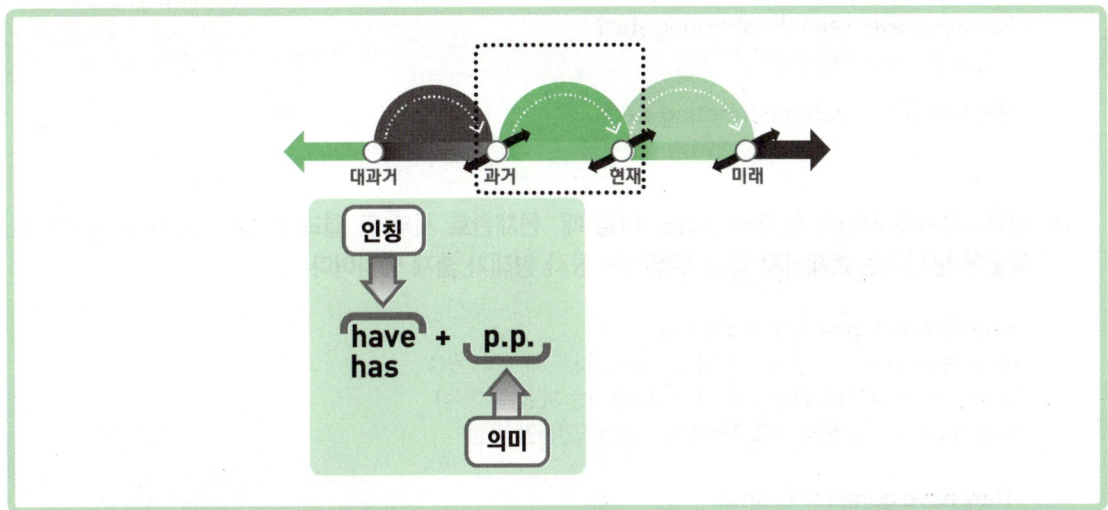

읽기를 위한 문법 Point

현재 완료 시제는 과거에 시작된 일이 _____ 까지 영향을 미치거나, 과거에 일어난 일이 _____ 에 결과로 이어질 때 쓰는 시제이다.

1. 현재 완료 – 과거부터 현재까지(have + p.p.)

과거에 시작되어 현재 끝난 상황 혹은 현재까지 상태나 동작이 계속 이어지는 상황을 나타내는 표현이며 「have + p.p.」로 쓴다. 현재완료는 완료, 경험, 계속, 결과의 유형으로 나뉜다.

① 완료	과거의 상태 또는 동작이 현재 종료
② 경험	과거부터 현재까지 계속되는 상태 또는 동작
③ 계속	과거부터 현재까지의 경험
④ 결과	과거의 사건이 현재의 상태에 영향

(1) **완료**: '(과거부터 현재까지) ~했다'의 의미로 현재의 시점에서 동작의 완료를 나타낸다.
just, already, today, this year, recently, not yet, by this time 등과 함께 사용된다.

- She **has** just **read** the newspaper through.
  그녀는 그 신문을 막 다 읽었다.
- He **has** already **finished** his homework.
  그는 벌써 그의 숙제를 다 끝마쳤다.

(2) **계속**: 과거부터 현재까지 진행되던 사건이 현재에도 계속되고 있다는 의미이다.
「since + 과거시점」, 「for + 기간」, so far(지금까지)와 함께 사용될 수 있다.

- I **have known** him since I was a child. 나는 내가 어릴 때부터 그를 알아왔다.
- I **have known** them for 5 years. 나는 5년 동안 그들을 알아왔다.

Chapter 04 시제

(3) 경험: (과거부터 현재까지) 기간 중 경험 유무와 빈도를 나타내는 것으로, ever, never, once, before, seldom, sometimes, often 등을 이용해서 빈도를 나타낼 수 있다.

- **Have** you ever **seen** the shooting star?
  별똥별을 본 적이 있습니까?

- She **has** never **seen** the shooting star.
  그녀는 별똥별을 본 적이 없다.

(4) 결과: 과거의 사건이 현재에 영향을 미칠 때, 현재완료 시제 중 결과 용법에 해당되는 표현이며, 특별한 부사구는 존재하지 않고 부합하는 동사 형태가 출제 영역이다.

> have been to와 have gone to의 차이
> have been to + 장소 명사: ~에 가 본 적이 있다, ~에 갔다 왔다
> have gone to + 장소 명사: ~로 가버렸다(주어는 3인칭만 가능)
> have gone + 장소 부사: ~로 가버렸다(주어는 3인칭만 가능)

- They **have gone** to Toronto.
  그들은 Toronto로 가버렸다.

- He **has gone** there.
  그는 거기에 가버렸다.

- They **have been** there.
  그들은 거기에 갔었다.

- She **has been** to Toronto.
  그녀는 Toronto에 가 본 적이 있다.

Top tip ★ have been은 주어로 1,2,3인칭을 가질 수 있는 반면에 have gone은 1,2인칭은 주어로 가질 수 없는 점에 주의하자!

답 현재, 현재

033 현재완료 since 구문

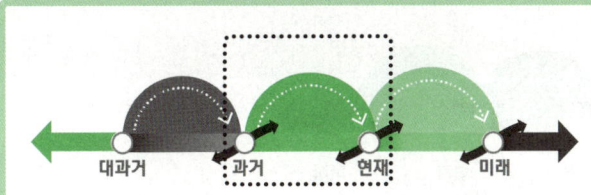

주어+현재 완료 ~ since+과거시점
=주어+현재 완료 ~ for+과거기간
=It is (has been) 시간 ~ since+과거시점
=시간 has/have passed since+과거시점

읽기를 위한 문법 Point

They have been friends since they met.
그들은 만난 _____ 친구가 되었다.

- She **has lived** in Kansas since 2014.
  그녀는 2014년 이래로 캔자스에 살고 있다.

  = She **has lived** in Kansas for ten years.
  = It **is[has been]** ten years since she lived in Kansas.
  = Ten years **has passed** since she lived in Kansas.
  = Ten years **have passed** since she lived in Kansas.

Top tip ★ "수치 개념인 ten years는 단수나 복수 취급 둘 다 가능합니다"

- He **has worked** at the company since 2015.
  그는 2015년 이래로 그 회사에서 일하고 있다.

  = He **has worked** at the company for nine years.
  = It **is[has been]** nine years since he started working at the company.
  = Nine years **has passed** since he started working at the company.
  = Nine years **have passed** since he started working at the company.

답 이래로

034 과거 완료 vs. 대과거

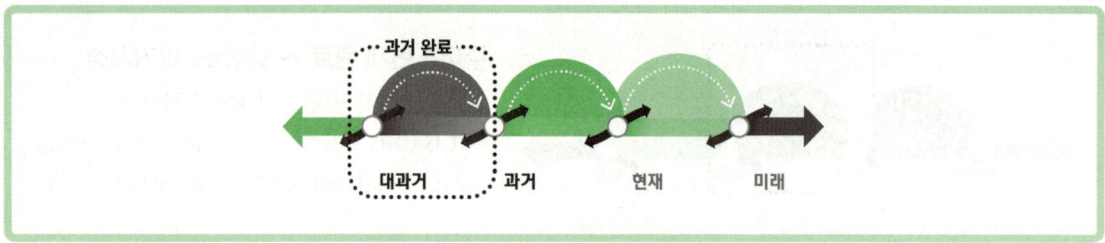

읽기를 위한 문법 Point
과거완료와 대과거는 ___보다 이전의 동작이나 상태로 해석한다.

1. 과거완료
과거완료는 대과거에서 시작된 사건이나 상태가 과거까지 지속되는 상황을 「had + p.p.」로 나타낸 시제이다.

(1) 완료: 대과거부터 과거 사이에 일어난 사건이나 상태의 완료
- When I arrived at the restaurant, they **had** already **ordered** food.
  내가 그 레스토랑에 도착했을 때, 그들은 이미 음식을 주문했었다.

(2) 계속: 대과거부터 과거 사이에 일어난 사건이나 상태의 계속
- She **had stayed** home for two months at that time.
  그녀는 그때까지[그때쯤] 두 달 동안 집에 머물렀었다.

(3) 경험: 대과거부터 과거 사이에 일어난 사건이나 상태의 경험을 빈도로 나타내는 시제
- She **had watched** *Harry Porter* twice before she was twelve.
  그녀는 12살 되기 전에 *해리포터*를 2번 봤다.

(4) 결과: 대과거부터 과거 사이에 일어난 사건이나 상태가 과거에 영향을 주는 상황을 나타낸 시제
- My father **had** already **gone** home when I woke up.
  내가 일어났을 때 아버지께서는 벌써 집으로 가셨다.

2. 대과거
과거보다 먼저 일어난 사건이나 상태에 대한 시점 서술로서 반드시 과거 시점을 기준으로 더 이전에 일어난 사건에 사용한다.

- She lost the book which I **had bought** the day before.
  그녀는 내가 전날 산 책을 잃어버렸다.

- I **had come** back before she called me. = I came back before she called me.
  나는 그녀가 내게 전화하기 전에 돌아왔다.

Top tip ★ 문형에 따라서는 before, when, after 등을 이용해 시간의 선후 관계가 확실한 경우나 단순 사건일 때에는 과거완료형 또는 과거형 둘 다 가능하다.

답 과거

035 미래 완료

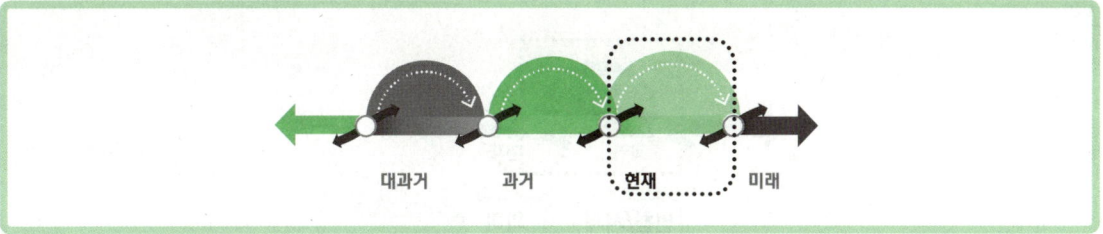

읽기를 위한 문법 Point

She will have read the entire book by tomorrow evening.
그녀는 내일 저녁까지 그 책을 다 _____.

1. 미래 완료

현재 또는 과거의 알 수 없는 시점에 시작되어 미래 끝날 상황 혹은 미래 특정 시점까지 상태나 동작이 계속 이어지는 것을 나타내는 표현이며, 「will have + p.p.」로 쓴다. 미래완료는 완료, 경험, 계속, 결과의 유형으로 나뉜다.

① 완료	현재의 상태 또는 동작이 미래 종료
② 경험	현재부터 미래까지 계속되는 상태 또는 동작
③ 계속	현재부터 미래까지의 경험
④ 결과	현재의 사건이 미래의 상태에 영향

(1) 완료: 현재 또는 과거의 알 수 없는 시점에서부터 미래의 특정 시점까지 완료를 나타내는 시제
- Students **will have finished** their essays by dinner time.
  학생들은 저녁 식사 시간까지는 보고서를 완료할 것이다.

(2) 계속: 현재 또는 과거의 알 수 없는 시점에서부터 미래의 특정 시점까지의 사건이나 상황이 계속되고 있음을 나타내는 시제
- My uncle **shall have stayed** here for ten days.
  (내가) 삼촌을 열흘간 여기에 머물게 할 것이다. (shall을 이용한 의지 미래)

(3) 경험: 미래의 특정 시점까지 어떤 사건이나 상황을 경험하게 될 것임을 나타내는 시제
- We **will have been** to Seoul three times if we visit there next year.
  우리가 내년에 서울을 방문하면 그 곳에 3번째 가는 것이다.

(4) 결과: 미래의 특정 시점까지 어떤 행동의 결과가 나타날 것임을 나타내는 시제
- The man **will have left** already by the time I arrive there.
  내가 그곳에 도착할 때면 그는 가고 없을 것이다.

답 읽을 것이다

036 복합 시제 > 완료 진행

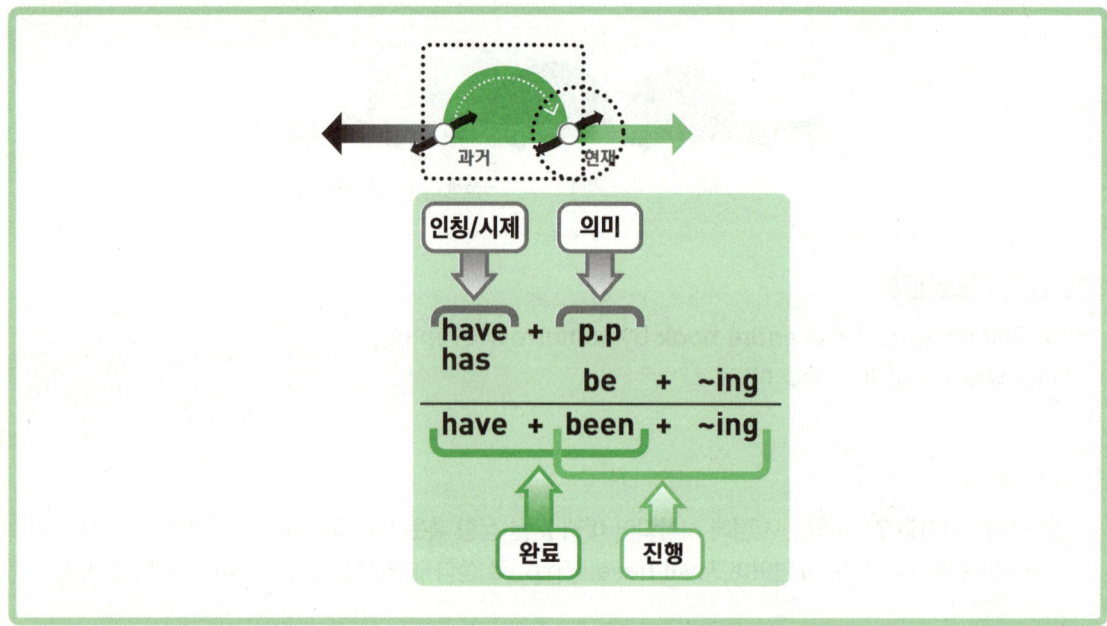

읽기를 위한 문법 Point

현재 완료 진행의 시제 표현인 have [has] been -ing는 ____와 ____의 의미로 해석한다.

1. 현재완료진행

과거에 일어난 일이 현재까지 영향을 미치거나, 과거에 시작된 일이 지금까지 이어질 때 쓰는 시제로, have[has] been ~ing로 표현한다.

- **Has** it **been raining**?
  비가 내리고 있었나요?

2. 과거완료진행

과거 이전인 대과거부터 과거까지 계속되는 동작 및 상태로 had been ~ing로 표현한다.

- They **had been talking** for over an hour before tony arrived.
  토니가 도착하기 전에 그들은 한 시간 넘게 이야기를 하고 있었다.

3. 미래완료진행

미래의 특정 시점까지 어떤 일이 완료될 것임을 나타낼 때 쓰는 시제로 will have been ~ing로 표현한다.

- I **will have been waiting** here for three hours by six o'clock.
  6시가 되면 나는 이곳에서 3시간이나 기다리고 있게 되는 것이다.

완료, 진행

CHAPTER 04
Exercise

🟢 다음 문장에서 적절한 것을 고르세요.

01 She [knew / has known] him since she was ten years old.
정답:

02 I [was / have been] in Busan since 2003.
정답:

03 Jane [was / has been] abroad last year.
정답:

04 They told me that they [sent / had sent] the letter a week before.
정답:

05 Tom [has finished / had finished] cooking before the guests arrived.
정답:

빠른 정답 Check ✓

01 has known
02 have been
03 was
04 had sent
05 had finished

CHAPTER 04
Exercise 정답 및 해설

01

해설 since가 접속사로 사용되었고 'since + 주어 + 과거시제 동사'는 시간의 부사절이다. 따라서 주절에는 현재완료시제인 'has known'이 정답이다

구문분석 She / has known / him / since / she / was / ten years old.
           S   V   O   접속사   S   V   S.C

직독직해 그녀는 / 알았다 / 그를 / ~이후로 / 그녀가 / ~ 였다. / 10살

해석 그녀는 10살 이후를 그를 알고 있다.

02

해설 since가 전치사로 사용되었고 'since + 과거 시점'은 시간의 부사구이다. 따라서 주절에는 현재완료시제인 'have been'이 정답이다.

구문분석 I / have been (in Busan) (since 2003).
           S   V

직독직해 나는 / 존재했다 (부산에) (2003년 이후로)

해석 나는 2003년 이후로 부산에 있다.

03

해설 'last year'는 과거를 나타내는 시간의 부사구이므로 주절에는 과거시제인 'was'가 정답이다.

구문분석 Jane / was (abroad) (last year).
           S   V

직독직해 Jane은 / 존재했다 (해외에) (작년에)

해석 Jane은 작년에 해외에 있었다.

04

해설 주절의 시제가 과거시제이므로 종속절의 시제는 과거시제와 같거나 더 이전의 시제를 사용해야 한다. 주어진 문장의 종속절에 'a week before'가 존재하므로 과거시제보다 더 이전 시제인 대과거 'had sent'가 정답이다.

구문분석 They / told / me / that / they / had sent / the letter (a week before).
           S   V   I.O   접속사   S   V   O

직독직해 그들은 / 말했었다 / 나에게 / ~라는 것 / 그들은 / 보냈었다 / 편지를 (한 주 전에)

해석 그들은 한 주 전에 나에게 편지를 보냈다고 말했었다.

05

해설 문맥상 손님들이 도착하는 과거 이전에 요리를 끝낸 것이므로 현재 완료 시제인 'has finished'는 적절하지 않다. 과거시제 보다 이전의 일어난 일을 나타내는 대과거 'had finished'가 정답이다.

구문분석 Tom / had finished / cooking / before / the guests / arrived.
           S   V   O   접속사   S   V

직독직해 Tom은 / 끝냈었다 / 요리를 / ~전에 / 손님들이 / 도착했다

해석 Tom은 손님들이 도착하기 전에 요리를 끝냈었다.

CHAPTER 05 태

우리가 주로 사용하는 표현의 대부분은 능동태이다. 당연시 받아들여지는 점이기 때문에, 능동태라는 말을 잘 쓰진 않지만, 수동태를 배움에 있어서 둘의 개념을 비교하지 않을 수 없다. 주어 중심으로 일어나는 행동이나, 동작이 능동태라면, 당하는 목적어 입장의 서술이 수동태이다. 수동태는 '~되어 지다'라고들 암기하기 쉬운데, 언어인 만큼 이해해 보자! '나는 당신을 가르치다'의 수동태는 간단하게 '당신은 나한테 배운다'이다. 형식에 얽매이지 말고 문맥속에서 자연스러운 흐름을 잊지말자.

037 능동태 vs. 수동태

038 3형식의 수동태

039 수여동사의 수동태

040 직접목적어 + be + p.p. + 전치사 + 보류목적어

041 불완전 타동사의 수동태

037 능동태 vs. 수동태

읽기를 위한 문법 Point

능동태는 행위자 중심의 문장이며, _____는 행위를 당하는 대상 중심의 문장이다.

1. 수동태의 의미

(1) **능동태**: 주어가 동작을 행하여 '주어가 ~하다'라는 의미의 문장

(2) **수동태**: 주어가 동작을 받아 '주어가 ~당하다, ~하여지다'라는 의미의 문장

　　1st step: 능동태의 「목적어」가 수동태의 「주어」가 됨.

　　2nd step: 능동태의 「동사」는 「be +pp」로 바꿈.

　　3rd step: 능동태의 「주어」는 by 뒤에 와서 부사구를 이룸.

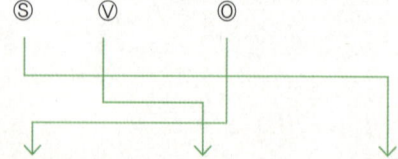

Thieves stole a lot of money. (능동태) 도둑들은 많은 돈을 훔쳤다.
　Ⓢ　　Ⓥ　　　Ⓞ

A lot of money　was stolen　by thieves. (수동태) 많은 돈은 도둑들에 의해 강탈당했다.
　　Ⓞ　　　　　be + 과거분사　　by + Ⓢ
　주격변화　　시제/인칭반영　　목적격변화

2. become류 수동태

수동태의 동사는 be동사 + p.p. 형태를 취하는 것이 원칙이지만 be동사 대신에 become류 동사를 쓸 수 있다.

(1) get, grow, become + p.p. 동작을 나타내는 수동

- It **became known** to my teacher.
  선생님이 알게 되었다.

(2) lie, stand, remain + p.p. 상태를 나타내는 수동

- The bag of money **remains hidden**.
  돈자루는 숨겨진 채로 남아있다.

(3) be + p.p. : 상태의 의미
get + p.p. : 동작의 의미

- They **were married** in 2014.(상태)
  그들은 결혼한 상태이다.

- They **got married** in 2014. (동작)
  그들은 2014년에 이혼했다.

3. 주의 해야 할 수동태 관용표현

- Her name **is known to** all the people. : ~에게(대상) 알려지다
- She **was known** for her paintings. : ~으로 알려지다
- The **is known by** its fruit. : ~의해서(수단) 알려지다
- He **is known as** a physician. : ~로서 알려 지다
- Yoghurt **is made from** milk. : ~로부터 만들어지다(성분 변화)
- This chair **is made of** wood. : ~로부터 만들어지다(성분 변화 없음)
- Her boss **was satisfied with** her presentation. : ~에 만족하다
- His eyes **were filled with** tears. : 으로 가득차다
- I **was pleased at(with)** his response. : ~에 기쁘다
- Mt. Everest **is covered with** snow. : ~으로 덮이다
- I **am tired of** eating scrambled eggs. : ~에 질리다

038 3형식의 수동태

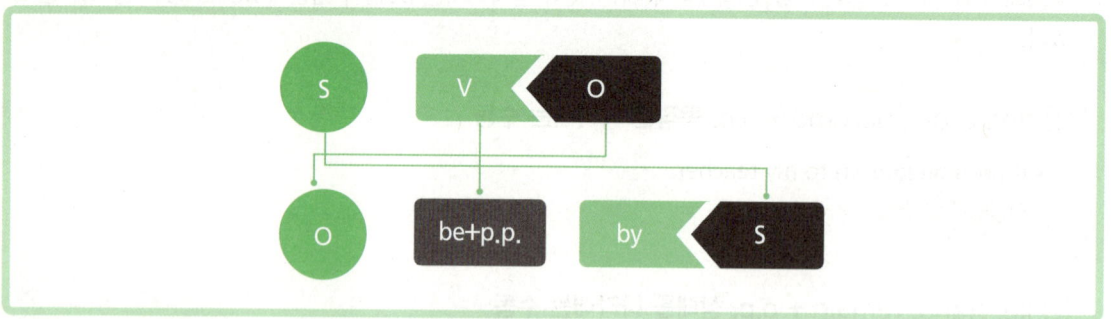

읽기를 위한 문법 Point

수동태는 반드시 _____ 가 있어야만 가능하며, 수동태에서 목적어는 다시 문장의 주어가 된다.

1. 3형식 문장의 수동태

주어 + 동사 + 목적어 의 수동태
- I saw a cat there. ⋯▶ A cat **was seen** there by me.

2. 수동태의 시제

구 분	현 재	과 거	미 래
단순형	It is done.	It was done.	It will be done.
완료형	It has been done.	It had been done.	It will have been done.
진행형	It is being done.	It was being done.	–

(1) 현재시제 수동태
- He **builds** the sand castle for his children.
  그는 아이들을 위한 모래성을 만든다.
  ⋯▶ The sand castle for his children **is built** by him.
  모래성은 그의 아이들을 위해서 그에 의해 만들어진다.

(2) 과거시제 수동태
- He **built** the sand castle for his children.
  그는 그의 아이들을 위한 모래성을 만들었다.
  ⋯▶ The sand castle for his children **was built** by him.
  모래성은 그의 아이들을 위해서 그에 의해 만들어졌다.

(3) 미래시제 수동태

- He **will build** the sand castle for his children.
  그는 그의 아이들을 위한 모래성을 만들 것이다.

⋯▸ The sand castle for his children **will be built** by him.
  모래성은 그의 아이들을 위해서 그에 의해 만들어질 것이다.

(4) 현재완료 시제 수동태

- He **has built** the sand castle for his children.
  그는 그의 아이들을 위한 모래성을 만들어왔다.

⋯▸ The sand castle for his children **has been built** by him.
  모래성은 그의 아이들을 위해서 그에 의해 만들어져왔다.

(5) 과거완료 시제 수동태

- He **had built** the sand castle for his children.
  그는 그의 아이들을 위한 모래성을 만들었었다.

⋯▸ The sand castle for his children **had been built** by him.
  모래성은 그의 아이들을 위해서 그에 의해 만들어졌었다.

(6) 미래완료 시제 수동태

- He **will have built** the sand castle for his children.
  그는 그의 아이들을 위한 모래성을 만들었을 것이다.

⋯▸ The sand castle for his children **will have been built** by him.
  모래성은 그의 아이들을 위해서 그에 의해 만들어질 것이다.

(7) 현재 진행시제 수동태

- He **is building** the sand castle for his children.
  그는 그의 아이들을 위한 모래성을 만들고 있다.

⋯▸ The sand castle for his children **is being built** by him.
  모래성은 그의 아이들을 위해서 그에 의해 만들어지고 있다.

(8) 과거 진행시제 수동태

- He **was building** the sand castle for his children.
  그는 그의 아이들을 위한 모래성을 만들고 있었다.

⋯▸ The sand castle for his children **was being built** by him.
  모래성은 그의 아이들을 위해서 그에 의해 만들어지고 있었다.

(9) 조(助)동사의 수동태
- He **can build** the sand castle for his children.
  그는 그의 아이들을 위한 모래성을 만들 수 있다.

  ⋯▶ The sand castle for his children **can be built** by him.
  모래성은 그의 아이들을 위해서 그에 의해 만들어질 수 있다.

3. 「By + 행위자」를 표시하지 않는 경우

(1) 행위자가 일반적인 사람일 때 생략한다.
- English **is spoken** in Malaysia (by them).
  말레이시아에서는 영어로 말한다.

(2) 행위자가 명백하지 않을 때, 또는 누군지 알 수 없을 때 생략한다.
- The stadium **was built** in 1450 (by somebody).
  그 경기장은 1450년에 지어졌다.

(3) 행위자가 누군지 표현할 필요가 없을 때 생략한다.
- He and his friends **were invited** to a party (by the host and hostess).
  그와 그의 친구들은 파티에 초대받았다.

目 목적어

039 수여동사의 수동태

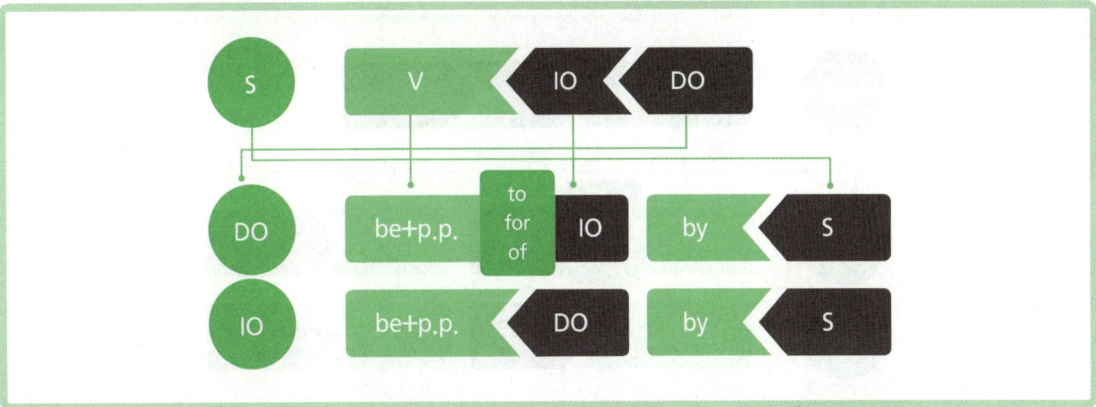

읽기를 위한 문법 Point

수여 동사는 수동태가 될 경우, 동사의 형태인 be p.p.이후에 _____ 가 있을 수 있으므로 해석에 주의 해야한다.

1. 4형식 문형 : 주어 + 동사 + 간.목 + 직.목

- I told her a story. 나는 그녀에게 이야기를 말해줬다.
  → She **was told** a story by me. → A story **was told** (to her) by me.

Top tip ★

보류 목적어 (Retained Object)
4형식 능태의 문장에 목적어가 두 개 있을 때, 그중 하나만이 주어가 될 수 있으면 다른 하나는 목적어자리에 그대로 남아있는데 그것을 보류 목적어라고 한다.

2. 직접목적어만이 수동태가 되는 수여동사

make, read, sell, write, send

- I wrote him a letter. 나는 그에게 편지를 써줬다.
  → A letter **was written** (to him) by me. → ~~He was written a letter by me~~.
- I bought her a shirt.
  → A shirt **was bought** (for her) by me. → ~~She was bought a shirt by me~~.

3. 간접 목적어만이 수동태가 되는 수여동사

envy, call, kiss, answer, save, spare

- Her friend envied her her success. 그녀의 친구는 그녀에게 그녀의 성공을 부러워했다.
  → She **was envied** her success by her friend. → ~~Her success was envied her by her friend.~~

보류 목적어

040 직접목적어 + be + p.p. + 전치사 + 간접 목적어

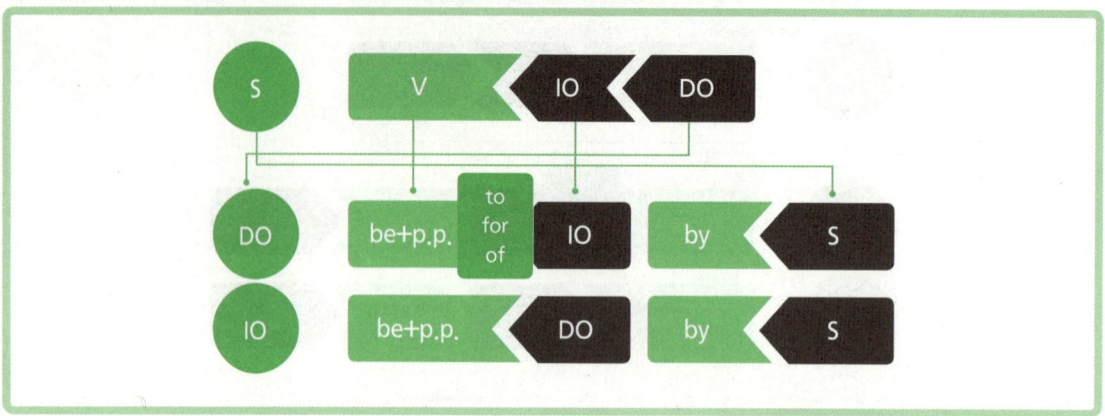

읽기를 위한 문법 Point

직접 목적어가 수동태의 주어가 될 경우 간접목적어는 '_____ + 간접 목적어' 형태로, 해석상 '~에게, 위해'등으로 해석된다.

1. 전치사+간접목적어 형태

(1) to를 사용하는 동사

> send, tell, lend, give, offer, bring, owe, teach, show, write, read

- A letter was sent **to him** by her.
  그녀에 의해 편지 한통이 그에게 전해졌다.

(2) for를 사용하는 동사

> buy, make, find, choose, get, cook, build

- A mushroom soup was made **for me** by her.
  버섯 수프는 날 위해서 그녀에 의해 만들어졌다.

(3) of를 사용하는 동사: ask

> ask

- Some questions were asked **of the teacher** by her.
  몇몇 질문들이 그녀에 의해 선생님께 물어봐졌다.

to/for/of

041 불완전 타동사의 수동태

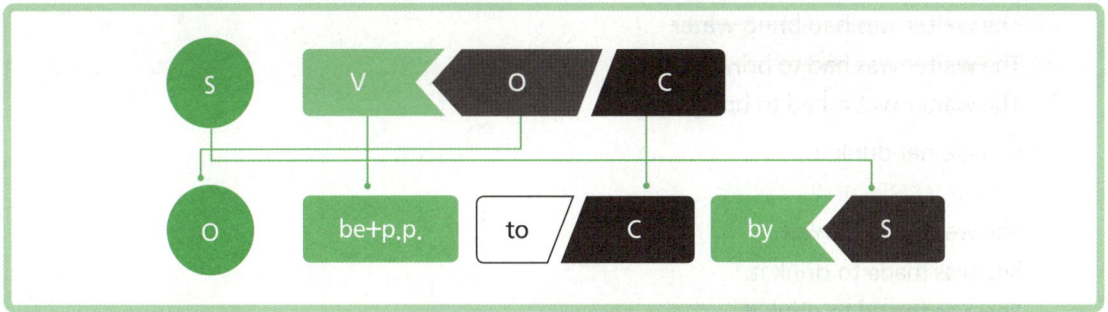

> **읽기를 위한 문법 Point**
>
> 불완전 타동사의 수동태의 핵심은 보어의 형태이다. ___가 동사 원형이 경우 수동태로 변환 시, _____으로 바뀌며, 이는 '주어가 보어함을 동사하다'라고 해석한다.

1. 불완전 타동사의 수동태

- I found the book boring. 나는 그 책이 지루한 것을 발견했다.
  → The book **was found boring** by me.
- I forced her to go there. 나는 그녀를 거기에 가도록 강요했다.
  → She **was forced to go** there.

2. 사역동사와 지각동사의 수동태

- She made me do it. 그녀는 내가 그것을 하도록 만들었다.
  → I **was made to** do it by her.
- She heard him sing a song. 그녀는 그가 노래 부르는 것을 들었다.
  → He **was heard to** sing a song by her.

> **Top tip ★** "목적격 보어가 동사원형인 경우는 다시 to 동사원형으로 바뀐다."

3. 사역동사 let, make의 수동태

사역동사 let, make, have 가운데 make만 수동태로 그대로 가능하며 let이나 have인 다른 사역동사들은 다른 표현으로 수동의 의미를 표현할 수 있다.

> 사역동사 have의 수동표현 : be asked to R
> 사역동사 let의 수동표현 : be allowed to R

- She let her daughter go to the concert.
  그녀는 그녀의 딸이 콘서트에 가도록 허락했다.
  → ~~Her daughter was let go to the concert.~~
  → ~~Her daughter was let to go to the concert.~~
  → Her daughter was allowed to go to the concert.

- We had the waiter **bring** some water.
  우리는 웨이터가 물을 가져오게 했다.
  ⋯▸ ~~The waiter was had bring water.~~
  ⋯▸ ~~The waiter was had to bring water.~~
  ⋯▸ The waiter was asked to bring water.

- You made her drink it.
  당신은 그녀가 그것을 마시도록 만들었다.
  ⋯▸ ~~She was made drink it.~~
  ⋯▸ She was made to drink it.
  ⋯▸ She was forced to drink it.

  Top tip ★ 사역동사 make는 'be made to R'과 'be forced to R' 모두 가능합니다.

4. 불완전 타동사 수동태 전환 시 주의할 점

불완전 타동사의 경우 목적보어로 수동태를 만드는 경우는 불가능하다.

- They elected Trump **President**.
  주어 동사   목적어 목적보어

  그들은 트럼프를 대통령으로 뽑았다.

  ⋯▸ Trump **was elected** President (by them).
  ⋯▸ ~~President~~ was elected Trump (by them). (x)
  ✎ 목적 보어인 President가 주어가 되어 불가능하다.

  📖 보어, to 동사원형

CHAPTER 05
Exercise

📀 다음 문장을 수동태로 전환하세요.

01 Tom wrote a novel.
정답:

02 They kill thousands of people.
정답:

03 They will buy the book.
정답:

04 Tom offered the plan.
정답:

05 She didn't use sugar.
정답:

빠른 정답 Check ✓

01 A novel was written by Tom.
02 Thousands of people are killed by them.
03 The book will be bought by them.
04 The plan was offered by Tom.
05 Sugar was not used by her.

CHAPTER 05
Exercise 정답 및 해설

01
해설 능동태의 목적어인 a novel 주어 자리에 오게 되고 3인칭 단수 주어이면서 과거시제이므로 동사는 'was written'으로 변경된다. 그리고 능동태의 주어인 Tom은 전치사 by 뒤에 오게 된다.

구문분석 A novel / was written (by Tom).
　　　　　　S　　　　V

직독직해 Tom은 / 썼었다 / 소설을
해석 Tom은 소설을 썼었다.

02
해설 능동태의 목적어인 thousands of people이 주어 자리에 오게 되고 3인칭 복수 주어이면서 현재시제이므로 동사는 'are killed'로 변경된다. 그리고 능동태의 주어인 They는 전치사 by 뒤에 목적격으로 변화하여 'them'으로 적어준다.

구문분석 Thousands of people / are killed (by them).
　　　　　　　　S　　　　　　V

직독직해 그들은 / 죽인다 / 수천 명의 사람들을
해석 그들은 수천 명의 사람들을 죽인다.

03
해설 능동태의 목적어인 the book이 주어 자리에 오게 되고 3인칭 단수 주어이면서 미래시제이므로 동사는 'will be bought'로 변경된다. 그리고 능동태의 주어인 They는 전치사 by 뒤에 목적격으로 변화하여 'them'으로 적어준다.

구문분석 The book / will be bought (by them).
　　　　　　S　　　　V

직독직해 그들은 / 구매할 것이다 / 그 책을
해석 그들은 그 책을 구매할 것이다.

04
해설 능동태의 목적어인 the plan이 주어 자리에 오게 되고 3인칭 단수 주어이면서 과거시제이므로 동사는 'was offered'로 변경된다. 그리고 능동태의 주어인 Tom은 전치사 by 뒤에 오게 된다.

구문분석 The plan / was offered (by Tom).
　　　　　　S　　　　V

직독직해 Tom은 / 제공했었다 / 그 계획을
해석 Tom은 그 계획을 제공했었다.

05
해설 능동태의 목적어인 sugar가 주어 자리에 오게 되고 3인칭 단수 주어이면서 과거시제이며 부정문이므로 동사는 'was not used'로 변경된다. 그리고 능동태의 주어인 She는 전치사 by 뒤에 목적격으로 변화하여 'her'로 적어준다.

구문분석 Sugar / was not used (by her).
　　　　　　S　　　　V

직독직해 그녀는 / 사용하지 않았었다 / 설탕을
해석 그녀는 설탕을 사용하지 않았었다.

CHAPTER 06 조동사

조(助)동사란, 도와주는 동사 즉 도움을 주는 동사이다. 그 도움을 받는 대상은 다른 아님 본동사이다. 본동사가 가지고 있는 '뉘앙스(nuance)'를 다르게 전달해서, 언어생활을 다채롭게 하기 위함이다. 예를 들어, 그 예시로는 금연의 표현이 stop smoking보다는 must stop smoking이라고 해야 흡연자에게 가해지는 부담의 무게가 무거워지는 것도 조(助)동사의 힘이다.

042 조동사의 특징

043 조동사의 종류

044 조동사 must의 쓰임

045 조동사 will의 쓰임

046 조동사 should의 쓰임

047 조동사 + have p.p.

042 조동사의 특징

읽기를 위한 문법 Point

조동사는 문장에서 _____ 를 도와 의미를 명료하게 한다.

조(助)동사는 문장에서 동사를 조력해주는 역할을 하며, 특징은 크게 네 가지이다.

1. 조(助)동사 + 동사원형
- He **can play** the guitar. 그는 기타를 연주할 수 있다.

2. 부정형은 '조(助)동사+not'으로 나타낸다.
- He **can not** swim. 그는 수영할 줄 모른다.
- He **has not finished** the homework yet. 그는 숙제를 아직 끝내지 못했다.
- I **do not** go to church on Sundays. 나는 일요일에 교회에 가지 않는다.

3. 인칭과 수에 영향 받지 않는다.
- They **can** play the guitar. 나는 기타를 연주할 수 있다.
- You **can** play the guitar. 당신은 기타를 연주할 수 있다.
- She **can** play the guitar. 그녀는 기타를 연주할 수 있다.

4. 조동사는 2가지 이상의 조동사를 동시에 사용하지 않는다.
- The boy may be able to speak Dutch very well.
- The boy ~~may can~~ speak Dutch very well. (x)
  그 소년은 네덜란드어를 잘 말할 수 있을 것이다.

본동사

043 조동사의 종류

I am a cat.

I must be a cat.
I should be a cat.
I ought to be a cat.
I may be a cat.
I might be a cat.
I can't be a cat.

I am not a cat.

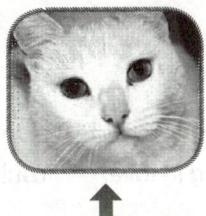

읽기를 위한 문법 Point

조동사는 본동사의 뜻을 보조하거나 의미를 더해주는 동사로 문장에 따라서 그 의미가 다르게 ____ 될 수 있다.

1. 조동사 can의 다양한 표현

(1) 가능/능력: ~할 수 있다
- **Can** you teach how to run? 달리는 방법을 가르쳐 줄 수 있습니까?
- Anyone **can** make mistakes. 누구나 실수를 할 수 있는 것이다.

(2) 허가(can=may): ~해도 좋다
- **Can** I submit my report now? 보고서를 지금 제출해도 될까요?
  Yes, you **can**.   No, you **cannot**. 네, 그러세요.   아니요, 그럴 수 없습니다.

(3) 추측 · 의혹

① 의혹 (도대체 ~일까?)
- **Can** it be a lie? 도대체 그게 거짓말일까?

② 부정적 추측 (cannot be: ~일 리가 없다(현재에 대한 부정적 추측) ↔ must be (~임에 틀림없다)
- It **cannot** be a lie.
  ⋯ It is **impossible** that it is a lie.(현재)
  그것이 거짓일 리가 없다.

- He **cannot** have been rich.
  - ⋯▶ It is **impossible** that he **was** rich.(과거)

  그가 부자였을 리가 없다.

(4) 관용적 표현

① cannot help ~ing = cannot but+동사원형 (~하지 않을 수 없다)
- I **couldn't help falling** in love. ⋯▶ I **couldn't but fall** in love.

  나는 사랑에 빠지지 않을 수 없었다.

② cannot ... too ~ (아무리 ~해도 지나치지 않다, 아주 ~해야 한다)
- Children **cannot** be **too** careful of stairs.

  아이들은 계단을 아주 조심해야만 한다.

🔲 해석

044 조동사 must의 쓰임

```
must + 동사원형: ① 의무(해야 한다)        = have to + 동사원형
        ↕                                    ↕
must + 동사원형: 금지(~하면 안 된다)  ⟷  don't have to + 동사원형 : 불필요
                                          (need not + 동사원형, ~할 필요가 없다)

must + 동사원형 : ② 강한 추측(~임에 틀림없다)
        ↕
        cannot + 동사원형: 추측의 부정(~일 리가 없다)
```

> **읽기를 위한 문법 Point**
> He must be the man. 그는 (그 남자여야 한다/ 그 남자임에 틀림없다).

1. 필요, 의무 = have to ⟷ do not have to[need not/do not need to]

- You **must** leave now.
  당신은 이제 떠나야합니다.
- You **must** do as you are told.
  당신은 지시 받는 대로 해야만 한다.
- You **don't have** to call me back.
  당신은 다시 내게 전화할 필요가 없다.
- You must finish the work, but you **need not** do so at once.
  당신은 그 일을 끝내야만 하지만 지금 당장 그렇게 할 필요는 없다.

2. 추측 (must be) '~임에 틀림이 없다.' ⟷ cannot be (~일 리가 없다.)

- She **must** be my boss. (현재)
  그녀는 내 상사임이 틀림이 없다.
  ⋯▸ I **am sure** that she is my boss. 그녀가 내 상사라고 확신한다.
  ⋯▸ It is **certain** that she is my boss. 그녀는 내 상사임이 확실하다.
- He **must have been** sick. (과거)
  그는 아팠던 것이 틀림없다.
  ⋯▸ I **am sure** that he was sick. 그는 아팠었다고 확신한다.
  ⋯▸ It **is certain** that he was sick. 그는 아팠던 것이 확실하다.

답 그 남자임에 틀림없다.

045 조동사 would의 쓰임

> **would vs. used to**
>
> • I would call on him.
>   나는 그에게 전화를 하곤 했었다.
>
> • I used to call on him every Sunday.
>   나는 그에게 매주 일요일에 전화를 하곤 했었다.

읽기를 위한 문법 Point

would는 '과거의 불규칙적 동작' used to는 '과거의 규칙적인 ____ 및 상태'로 해석한다.

will의 과거형인 would는 will의 용법에 준하는 과거 의미를 갖는 것이 원칙이지만, would만의 특별한 의미를 갖기도 한다.

1. 주어의 의지(will, would) : ~할 것이다.

• If you **will** help your mother, she shall be glad.
  당신의 어머니를 돕는다면 그녀가 기뻐할 것이다.

• He said he **would** buy a car.
  그는 차를 살 것이라 말했다.

2. 과거의 불규칙적인 습관(would)

• She **would** play the piano for hours while she was young.
  그녀는 어릴 때 몇 시간이고 피아노를 치곤 했다.

• He **would** often sit for hours without saying a word.
  그는 수 시간 동안 아무 말도 하지 않고 앉아 있었다.

3. 과거의 규칙적인 동작 및 상태 : used to + 동사원형

–	used	to	동사원형	~하곤 했었다
be	used	to	동사원형	~하기 위해서 이용되다
be	used	to	~ing (명사계열가능)	~하는 데 익숙하다

'used to' 과거의 규칙적인 동작 및 상태를 나타낸다. 'be used to 동사원형'의 경우에는 타동사 use가 수동태의 형태가 되어, '~하기 위해서 이용되어지다'라는 의미이다. 'be used to (동)명사'는 '~하는 데 익숙하다'라는 의미로 서로 비슷한 형태를 가지고 있지만 서로 다른 유형이니 유의하자.

- The man **used to** drink so much while young.
  그 남자는 젊었을 때 술을 많이 마셨다.
- There **used to be** an old tree around the corner.
  예전에는 길모퉁이에 오래된 나무가 있었다.
- The knife **was used to** kill someone.
  그 칼은 누군가를 죽이기 위해서 사용되었다.
- The foreigner **is used to** Korean culture.
  그 외국인은 한국 문화에 익숙해 있다.

4. would 관용 표현

(1) would you mind – ing ~? = Do you mind – ing ~? (~하시는 것을 꺼리십니까?)

- would you mind opening the door?
  문을 열어 주실 수 있습니까?

(2) would like to + 동사원형 (~하고 싶다)

- She would like to play basketball.
  그녀는 농구를 하고 싶어 한다.

(3) would rather ⓐ than ⓑ : ⓑ보다 ⓐ가 (하는 것이) 더 낫다 ⓐ와 ⓑ의 병렬구조 주의

- You would rather stay at school than go with him.
  그와 함께 가느니 차라리 학교에 머무르는 게 낫겠습니다.

🔑 동작

046 조동사 should(= ought to)의 쓰임

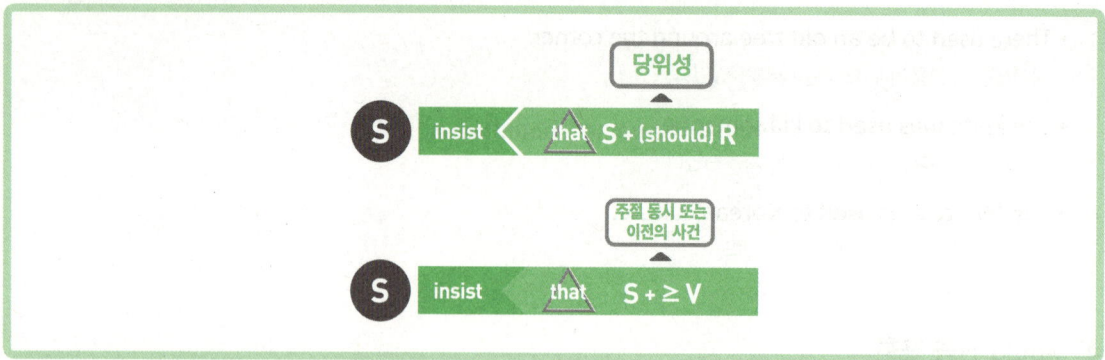

읽기를 위한 문법 Point

He will suggest that we should plan for tomorrow morning.
그는 우리가 내일 아침을 위해 계획을 세우는 것을 (제안 / 암시) 할 것이다.

1. 의무, 당연 = should = ought to

- Every citizen **should obey** the laws.
  모든 시민은 법규를 따라야한다.

- Students **should be** on time.
  학생은 시간을 지키도록 해야 한다.

- I **should not miss** this bus.
  나는 이번 버스를 놓쳐서는 안 된다.

- You **shouldn't stay** here.
  여기에 머물러서는 안 된다.

  ✎ 부정형인 should not은 금지를 나타낸다.

2. 당위를 나타내는 동사

> 제안, 주장 : suggest, propose, insist
> 요구, 명령 : order, command
> 동의, 결정 : agree, determine
> 조언, 권고 : advise, recommend

- 당위를 나타내는 동사 V + that S + (should) R

| suggest
insist | + | that 주어 + (should) 동사원형: ~을 해야만 한다고 제안하다
that 주어 + (should) 동사원형: ~을 해야만 한다고 주장하다 |

(1) suggest가 여기서는 that절에 당위성을 포함한 일에 대해서 제안할 때 should + 동사원형을 쓴다.

- He suggested that the game **(should)** be put off.
  그는 경기를 연기해야 하는 것을 제안했다.
  ⋯▸ There was a suggestion that the game **(should)** be put off.
  경기를 연기해야 한다는 제안이 있었다.

  cf. This degree **suggested** that he **was** a lawyer.
  이 학위는 그가 변호사였음을 암시한다.
  ✎ suggest가 여기서는 '암시하다, 의미하다'라는 의미로 사용되었다.

(2) insist는 that절에 당위성을 포함한 일에 대한 주장일 때 동사표현을 should + 동사원형을 쓴다.

- I insisted that he **(should)** go there at once.
  나는 그가 즉시 거기에 가야 한다고 주장했다.

  cf. Some people insisted that the car **had run** over the pedestrian.
  몇몇 사람들은 그 자동차가 그 보행자를 치었다고 주장했다.
  ✎ insist가 여기서는 '~ 했던 것을 주장하다'의 의미로 '당위성'을 포함하지 않고 사용되었음에 유의해서 해석해야 한다.

제안

047 조동사 + have p.p.

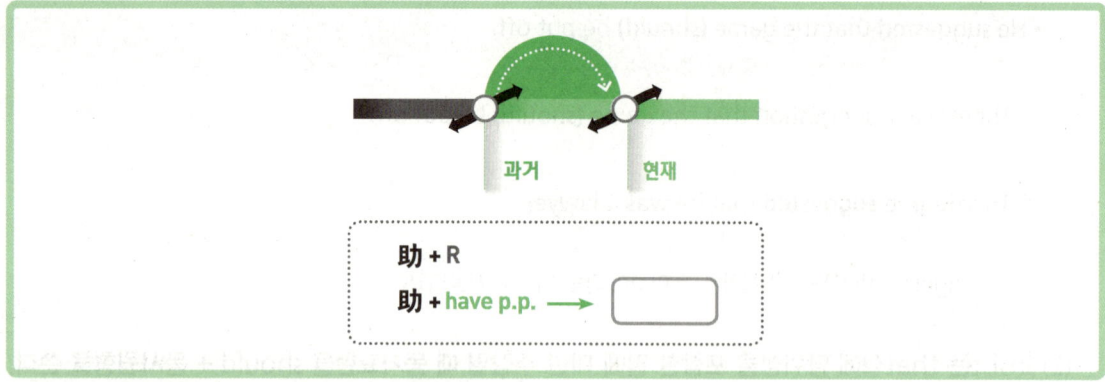

읽기를 위한 문법 Point

조동사 + have + p.p.의 의미는 시제상으로 ____를 나타내므로 주의 해야 한다.

- **should have + p.p. = ought to have + p.p.** : ~을 해야만 했었는데 (하지 못했다)
  (과거의 유감이나 후회)

- **must have + p.p.** : ~이었음에 틀림없다 (should have+p.p. 와 반드시 구분할 것)
  (과거의 확실한 단정) – 여기서 must는 의무의 의미가 아님

- **may(might) have + p.p** : ~이었을지도 모른다.
  (과거의 막연한 추측)

- **cannot have + p.p.** : ~이었을 리가 없다
  (과거의 부정적 추측)–must have + p.p.와는 반대되는 의미

- **need not have + p.p.** : ~할 필요가 없었는데 (했다)
  (과거의 불필요)

- He **should have known** the rule.
  그는 그 규칙을 알고 있었어야 했다.(사실 몰랐다)

- He **ought to have known** the rule.
  그는 그 규칙을 알고 있었어야 했다.(사실 몰랐다)

- He **must have known** the rule.
  그는 그 규칙을 알고 있었음에 틀림없다.

- It **might have rained** yesterday.
  어제 비가 왔었을지도 모른다.

- She **need not have done** it.
  그녀는 그것을 할 필요가 없었다.
  ✎ '할 필요가 없었는데..(실제로 했다)'라는 의미이다.

A : Have you seen Sarah lately?
요즘 Sarah 본 적 있어?

B : No, she **should have been** at the party last night. When I talked to her yesterday afternoon, she said she would come.
아니, 그녀는 어젯밤 파티에 왔어야 했어. 내가 어제 오후에 그녀와 이야기했을 때, 그녀는 올 거라고 했어.

A : She **can't have gone** to the party. If she had gone, I would have seen her there.
그녀가 파티에 갔을 리가 없어. 만약 갔다면, 내가 거기서 그녀를 봤을 거야.

B : She **might have had** some urgent work to do.
그녀에게 급한 일이 있었을지도 몰라.

A : It can't be. She is always excited about parties. She **must have forgotten** about it.
그럴 리가 없어. 그녀는 항상 파티에 대해 신나 하잖아. 그녀는 잊어버렸음에 틀림없어.

과거

CHAPTER 06
Exercise

🕐 해석을 보고 빈칸을 채우세요.

01   I ____ ____ study hard.
해석 : 나는 공부를 열심히 하곤 했었다.
정답:

02   He _____ ____ drive so fast.
해석 : 그는 그렇게 빨리 운전해서는 안 된다.
정답:

03   We _____ act calmly.
해석 : 우리는 침착하게 행동해야 한다.
정답:

04   They ____ discuss their plans.
해석 : 그들은 그들의 계획에 대해 논의할 수 있다.
정답:

05   She _____ ____ apologized early.
해석 : 그녀는 일찍 사과했었어야 한다.
정답:

빠른 정답 Check ✓

01 used to
02 should not
03 should
04 can
05 should have

106   Visual Grammar

CHAPTER 06
Exercise 정답 및 해설

01
[해설] 해석상 과거에는 그랬으나 현재에는 그러지 않는다는 내용이므로 'used to + 동사원형'를 사용해야 한다.
[구문분석] I / used to study (hard).
　　　　　　S　　　　V
[직독직해] 나는 / 공부하곤 했었다 (열심히)

02
[해설] 해석상 의무의 부정을 나타내므로 'should not + 동사원형'을 사용해야 한다.
[구문분석] He / should not drive (so) (fast).
　　　　　　S　　　　V
[직독직해] 그는 / 운전해서는 안 된다 (그렇게) (빨리)

03
[해설] 해석상 의무를 나타내므로 'should + 동사원형'을 사용해야 한다.
[구문분석] We / should act (calmly).
　　　　　　S　　　V
[직독직해] 우리는 / 행동해야만 한다 (침착하게)

04
[해설] 해석상 '~할 수 있다'를 나타내므로 'can + 동사원형'을 사용해야 한다.
[구문분석] They / can discuss (about / their plans).
　　　　　　S　　　V
[직독직해] 그들은 / 논의할 수 있다 (~에 대해 / 그들의 계획에)

05
[해설] 해석상 과거의 의무를 나타내므로 'should + have p.p.'를 사용해야 한다.
[구문분석] She / should have apologized (early).
　　　　　　S　　　　V
[직독직해] 그녀는 / 사과했었어야 했다 (일찍)

CHAPTER 07 가정법

가짜로 정해놓은 법을 가정법이라 한다. 직설법과 반대되는 개념으로 있는 사실 그대로를 언급하지 않고 후회나 염원을 담아 아쉬움을 표현하는 방법이다. 대표 예문으로 If I were a bird, I would fly라는 문장이 많이 사용되는데, 이는 비행기를 발명한 W.Right Brothers가 창공을 나는 새를 바라보며, 염원을 담아 했던 말로 유명하다.

048 법의 종류
049 가정법 과거
050 가정법 대과거(과거완료)
051 혼합 가정법
052 가정법 현재
053 가정법 미래
054 if 생략 가정법
055 가정법 대용 표현

048 법의 종류

명령법: 가!
Go there.

직설법: 너! 안나가는구나!
You don't go there.

가정법: 너! 나갔으면 좋겠어!
I wish that you went there.

읽기를 위한 문법 Point

말하는 분위기에 따라서 크게 문장은 _____, _____, _____으로 나뉜다.

1. 법의 종류
화자가 문장에서 자신의 태도나 의도를 표현하는 동사의 형식을 말한다.

(1) 3가지 법
① 직설법(indicative)
- I **am** hungry.(사실을 반영)
  나는 배고프다.

② 명령법(imperative)
- **Give** me something to eat.
  먹을 것을 주십시오.

③ 가정법(subjunctive)
- If I **were** a bird, I could fly.
  내가 새라면, 나는 날 수 있을 텐데.
- I **wish** I **had** something to eat.
  먹을 것이 있으면 좋겠다.

가정법, 명령법, 직설법

049 가정법 과거

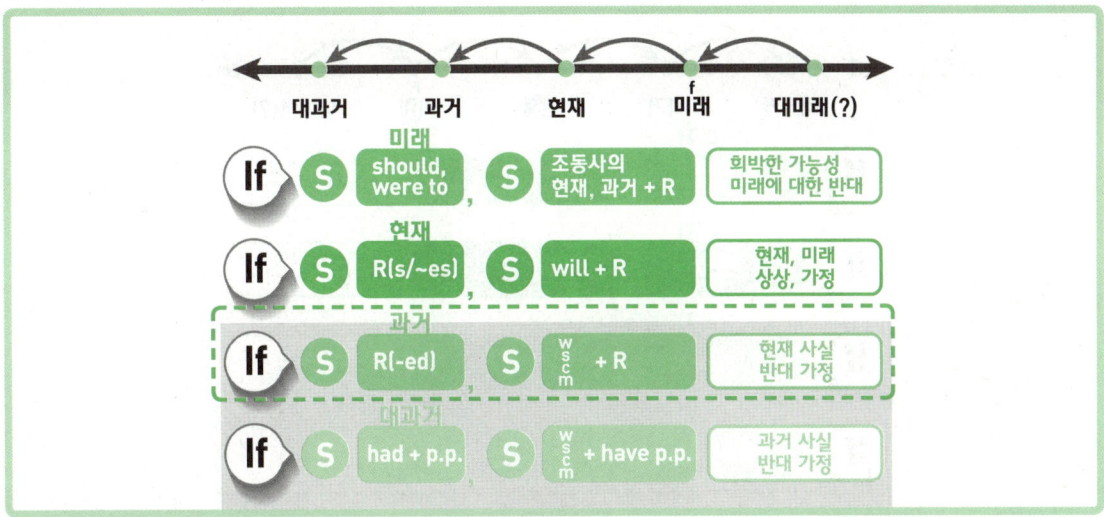

읽기를 위한 문법 Point

가정법 과거는 ___ 사실에 대한 반대의 의미로 해석한다.

가정법이란 실제로 발생한 '사실'에 반대로 '가정(假定)'하는 표현이다. '가짜로 정하는 법'이라는 말의 줄임으로 생각하면 간단하다. 단, 그 발생한 사실이 어떤 시제에 나타났느냐에 따라서 가정법은 다양한 시제로 변화가 가능 합니다. 이는 가정법이 가지는 가장 큰 속성이며, 그래서 가정법 분류체계는 시제에 따라 나눠지게 됩니다.

1. 가정법

'만일 ~라면 ...일 것이다'의 뜻으로 현재 사실에 대한 반대의 가정을 나타낸다.

> if + 주어 + 과거동사 / were~, 주어 would / should / could / might + 동사원형

- **If I were** you, **I would not listen** to him. 내가 너라면, 그의 말을 듣지 않을 텐데.
  ✎ 가정법 과거의 경우 종속절(if절)에 be동사가 나오면, were로 통일한다.

- As **I am** ill, **I cannot go** there. (직설법 현재) 내가 아파서, 나는 거기에 못 가.
  ⬇
  ⋯ **If I were** not ill, **I could go** there. (가정법 과거)
  ⋯ **Were** I not ill, **I could go** there. (if 생략)
  ⋯ **But for (Without)** my illness, **I could go** there.
  ⋯ **If it were not for** my illness, **I could go** there.
  ⋯ **Were it not for** my illness, **I could go** there.
  내가 아프지 않다면, 거기에 갈 수 있을 텐데.

- **If we had a car, we would go** camping more often.
  만약 우리가 자동차가 있다면, 더 자주 캠핑을 갈 텐데. 현재

050 가정법 대과거(과거완료)

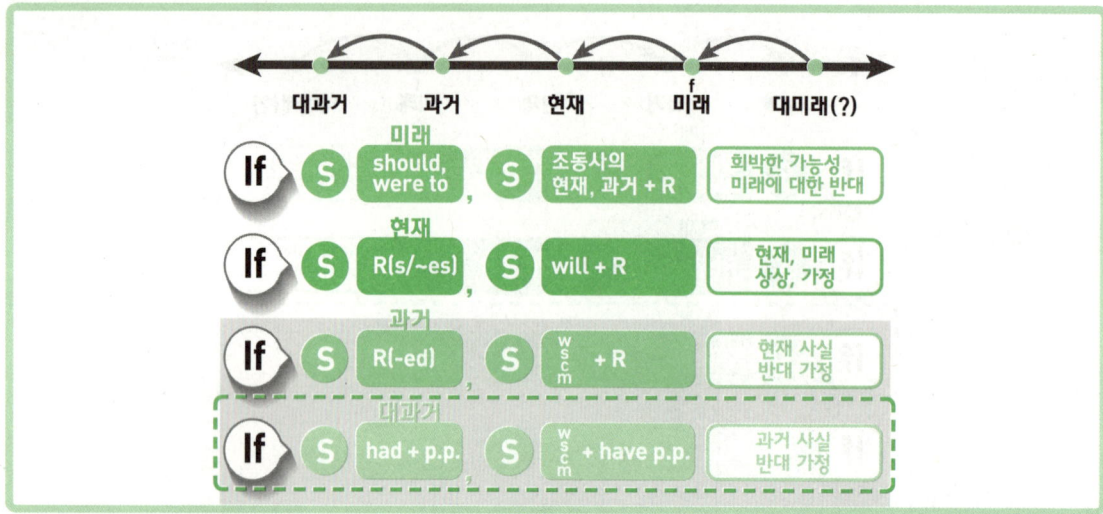

읽기를 위한 문법 Point

가정법 과거완료는 ___ 사실에 대한 반대의 의미로 해석한다.

1. 가정법 과거

'만일 ~ 했다면, ...했을 것이다'의 의미로, 과거 사실에 대한 반대의 가정을 나타낸다.

> If+주어+had+과거분사 ~, 주어+ would / should / could / might+have+과거분사 ...

- As they **helped** me, I did not fail. (직설법 과거)
  그들이 도와줬기 때문에 나는 실패하지 않았다.

⬇

⋯▸ If they **had not helped** me, I **would have failed**. (가정법 과거완료)
⋯▸ **Had** they **not helped** me, I **would have failed**. (If 생략 시)
⋯▸ **But for (Without)** their help, I **would have failed**.
⋯▸ **If it had not been for** their help, I **would have failed**.
⋯▸ **Had it not been for** their help, I **would have failed**. (If 생략 시)
   만약 그들이 도와주지 않았더라면 나는 실패했을 텐데.

답 과거

051 혼합 가정법

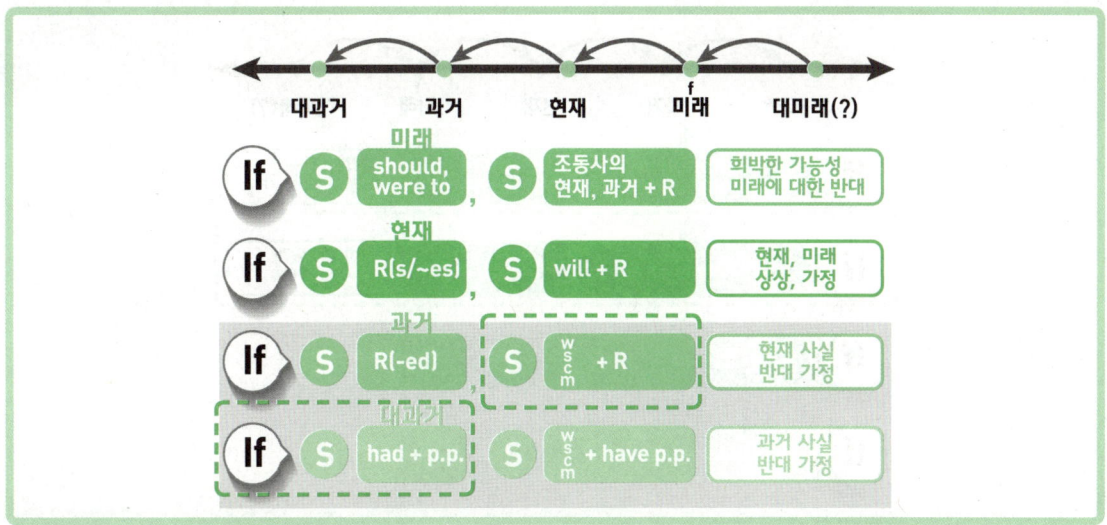

읽기를 위한 문법 Point

혼합 가정은 ___의 사실이 ___ 시제에 영향을 미치는 방식으로 해석한다.

1. 혼합 가정법 (종속절: 가정법 과거완료, 주절: 가정법 과거)

과거의 사실이 현재에 영향을 미칠때 사용하는 가정법으로 주절에는 가정법 과거로, 종속절에는 가정법 과거완료(대과거)로 표현한다.

> If+주어+had+과거분사 ~, 주어+ would / should / could / might+동사원형

- As I **didn't finish** the work last night, I **am** so busy.
  어젯밤 일을 다 끝마치지 않아서 오늘 바쁘다.

  ⋯ If I **had finished** the work last night, I **would not be** so busy.
  　　　가정법과거완료　　　　　　　　　　　가정법 과거
  만약 지난 밤 일을 다 끝냈더라면, 오늘 바쁘지 않을 텐데.

- As I **did not take** my mother's advice then, I **am not** happier now.
  나는 엄마의 충고를 받아들이지 않아서 지금 더 행복하지 않다.

  ⋯ If I **had taken** my mother's advice then, I **would be** happier now.
  만약 엄마의 충고를 받아들였다면, 나는 지금 더 행복할 텐데.

Top tip ★ "혼합가정의 경우, 시간의 부사를 함께 사용해서 가정법 과거과 혼합가정을 구별해준다."

🔑 과거, 현재

052 가정법 현재

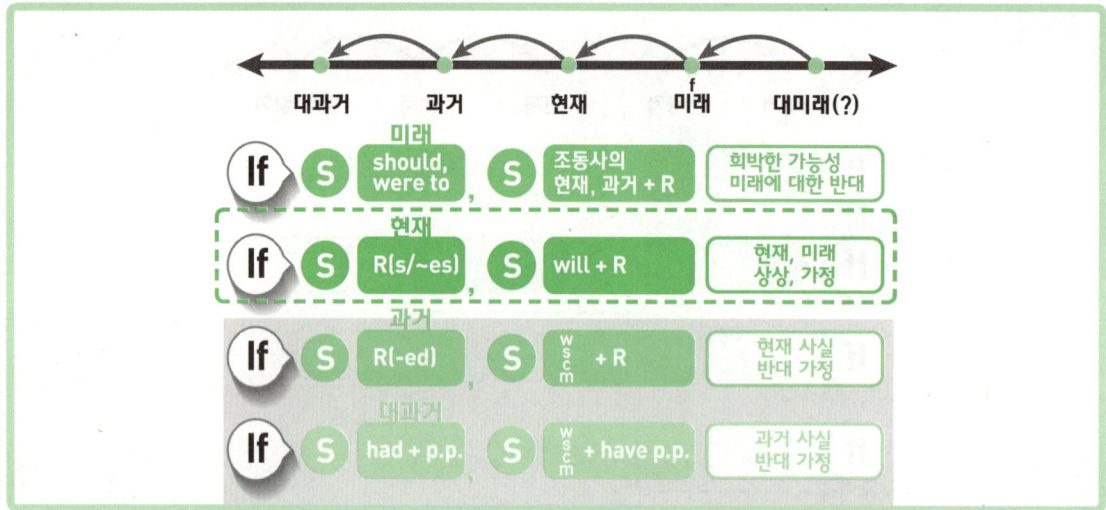

> **읽기를 위한 문법 Point**
>
> 가정법 현재는 ___에 대한 조건이나, 현재의 알 수 없는 사실에 대한 가정을 나타내므로 이점에 주의해서 해석해야 한다.

1. 가정법 현재

if + 주어 + 현재형 ~, 주어 will / shall / can / may + 동사원형 / 명령문(동사원형)으로 표현

- **If** it **rains** tomorrow, I **will stay** home.
  만약 내일 비가 온다면 나는 집에 머물 것이다.

- **If** he **is honest**, I **will give** a chance to him.
  만약 그가 정직하다면, 나는 그에게 기회를 줄 것이다.

🔑 미래

do's & don'ts

가정법 현재 vs 가정법 과거

If he **is** there, I **will tell** him about it. (가정법 현재 [조건문])
그가 거기에 있다면, 나는 그것에 관해 그에게 말할 것이다.
✏️ 그가 거기에 있는지 없는지는 알 수 없다.

If he **were** there, I **would tell** him about it. (가정법 과거)
그가 거기에 있다면, 나는 그것에 관해 그에게 말할 텐데.
✏️ '그는 현재에 거기에 없다'는 것을 의미한다.

> 가정법 현재나 직설법 조건문은 아직 확정되지 않은 현재의 사실을 가정하는 표현이고, 가정법 과거는 명확한 현재 사실이나 이미 확정된 현재 사실의 반대 상황을 가정하는 표현이니, 구별에 유의해야 해요.

053 가정법 미래

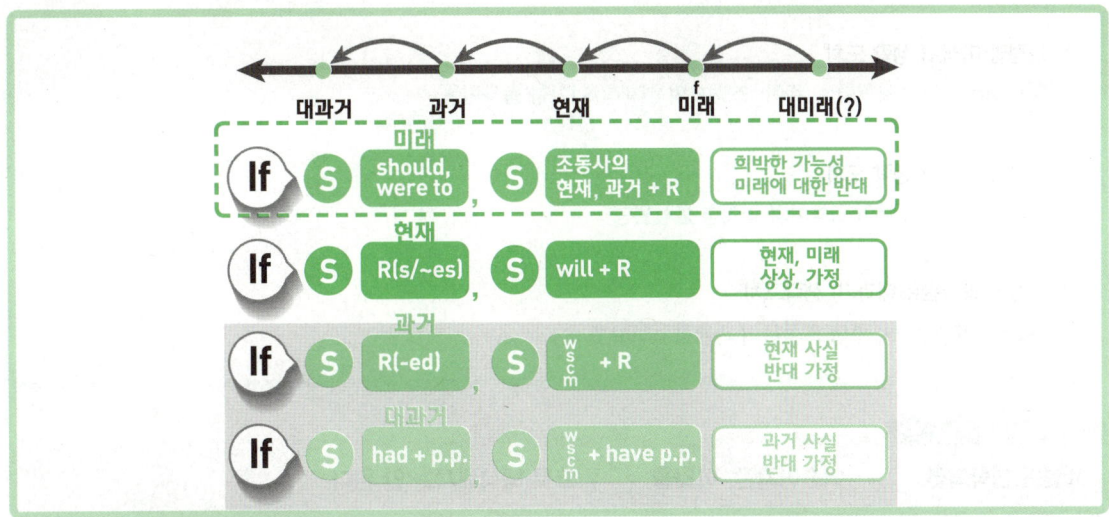

읽기를 위한 문법 Point

가정법 미래는 일어날 가능성이 _____ 경우를 나타내므로 이에 맞추어 해석한다.

1. 가정법 미래

If + 주어 + were to 동사원형, 주어 + would + 동사원형
If + 주어 + should 동사원형, 주어 + will / would + 동사원형

2. 실현가능성 거의 없는 미래 · 0.01%

If + 주어 + were to 동사원형, 주어 + would(조동사의 과거형) + 동사원형

- If the sun **were to** rise in the west, I **would** believe you.
  해가 서쪽에서 뜬다면, 나는 너를 믿을 것이다.
- If the sea **were to** rise 500 feet, India **would** become an island.
  만일 바다가 500피트나 높아진다면 인도는 섬이 될 것이다.

3. 미래에 대한 강한 의심 · 1%

If + 주어 + should + 동사원형, 주어 + will / would(조동사의 현재형 / 과거형) + 동사원형

- If such a thing **should** happen, what **will** [shall] we do?
  혹시라도 그런 일이 일어난다면, 우리는 어떻게 하지?
- If he **should** lose his house, where **would** he stay?
  만약 그가 집을 잃는다면, 그는 어디에 머물까?

희박한

054 if 생략 가정법

> 1. 가정법 미래 if 생략 도치
>   **Should** 주어 동사원형~, 주어 조동사의 현재형/과거형 동사원형
>
> 2. 가정법 과거 if 생략 도치
>   **Were** 주어 ~ , 주어 조동사의 과거형 동사원형
>
> 3. 가정법 과거완료(대과거) 생략도치
>   **Had** 주어 p.p. ~, 주어 조동사의 과거형 have p.p.

읽기를 위한 문법 Point

if절이 생략되면 _____ 어순이지만, 이것을 _____ 으로 해석해서는 안 된다.

1. if 생략

가정법 과거구문에서 if절의 if는 생략될 수 있으며, 이때는 주어와 동사가 도치된다.
이때 문두에는 be동사나 조(助)동사만이 나올 수가 있다.

- If he should come, we will let you know.
  ⋯ **Should** he come, we will let you know.
  그가 온다면, 우리는 당신에게 알려줄 것입니다.

- If you should need any help, call me.
  ⋯ **Should** you need any help, call me.
  도움이 필요하다면, 저에게 전화하세요.

- **If** I **were** rich, I **could help** all of the victims.
  내가 부자라면 희생자들 모두를 도울 수 있을 텐데.
  ⋯ **Were** I rich, I **could help** all of the victims.

- **If** I had been rich, I could have gone abroad.
  내가 부유했더라면 나는 해외로 나갈 수 있었을 텐데.
  ⋯ **Had I been** rich, I could have gone abroad.

의문문

055 가정법 대용 표현

assuming (that) 주어 + 동사	~라고 가정하면
on condition (that) 주어 + 동사	~라는 조건으로
given (that) 주어 + 동사	~을 가정하면, ~이 주어진다고 하면
provided(providing) (that) 주어 + 동사	만일 ~이라면
granted(granting) (that) 주어 + 동사	가령 ~라 할지라도
suppose(supposing) (that) 주어 + 동사	만약 ~이라면, ~라 할지라도
in case 주어 + 동사	만일 ~라면, ~하는 경우
so(as) long as 주어 + 동사	~하는 한, ~하는 동안

읽기를 위한 문법 Point

가정법의 if뿐만 아니라, 'providing'을 비롯한 다양한 표현이 '_____'으로 해석될 수 있다.

- **Provided that** the price is reasonable, we will buy the house.
  가격이 합리적이라면, 우리는 그 집을 살 것이다.

1. 기타 관용 표현

(1) I would rather + 동사원형 ~ than 동사원형 … : …하느니 차라리 ~하고 싶다

- I **would rather** go than stop here.
  여기에 멈추느니 차라리 가겠다

(2) as it were : 말하자면(=so to speak)

- She is, **as it were**, a pretty woman.
  그녀는 말하자면 귀여운 여인이다.

(3) what if + 직설법(가정법) : ~하면 어떻게 될까? ~ 한들 무슨 상관이냐?(좋지 않은 일을 가정)

- **What** (would happen) **if** I should fail?
  만일 내가 실패하면 어떡하지. / 실패해도 무슨 상관이냐?
- **What if** you go and see a film this weekend night with your girlfriend?
  주말에 여자 친구와 영화 한 편 보는 거는 어떠니?

답 만일 ~ 이라면

CHAPTER 07
Exercise

> 🔍 해석을 보고 빈칸을 채우세요.

01   If I ____ rich, I ____ ___ the house. (be / buy)
해석 : 내가 부자라면, 나는 그 집을 살 수 있을 텐데.

정답:

02   If I ____ him, I ____ ____ you to him. (know / introduce)
해석 : 내가 그를 안다면, 나는 너를 그에게 소개할 수 있을 텐데.

정답:

03   If he ___ ___ a lot of books, he ____ ___ ___ so happy. (have / be)
해석 : 많은 책을 가지고 있었더라면, 그는 매우 행복했을 텐데.

정답:

04   If you ___ ____ up late last night, you ____ ___ tired now. (stay / be)
해석 : 만약 네가 지난밤에 늦게까지 안 잤었더라면, 너는 지금 피곤할 텐데.

정답:

05   If she ___ ___ ___ me, I ___ ___ ___ here. (help / be)
해석 : 만약 그녀가 나를 돕지 않았더라면, 나는 여기에 없을 텐데.

정답:

빠른 정답 Check ✓
01 were / could / buy
02 knew / could / introduce
03 had / had / would / have / been
04 had / stayed / would / be
05 had / not / helped / would / not / be

118   Visual Grammar

CHAPTER 07
Exercise 정답 및 해설

01
해설 해석상 현재 사실에 대한 반대를 나타내므로 '가정법 과거' 문장이다. 따라서 「If + 주어 + were ~, 주어 + could + 동사원형 ~.」 형태를 사용하면 된다.

구문분석
If / I / were / rich, / I / could buy / the house.
　　　S　　V　　S.C　S　　　V　　　　O

직독직해 만약 / 나는 / 였었다 / 부자 / 나는 / 살 수 있을 텐데 / 그 집을

02
해설 해석상 현재 사실에 대한 반대를 나타내므로 '가정법 과거' 문장이다. 따라서 「If + 주어 + 과거 동사 ~, 주어 + could + 동사원형 ~.」 형태를 사용하면 된다.

구문분석
If / I / knew / him, / I / could introduce / you (to / him).
　　 S　 V　　 O　 S　　　　V　　　　　 O

직독직해 만약 / 나는 / 알았었다 / 그를 / 나는 / 소개할 수 있을 텐데 / 너를 (~에게 / 그를)

03
해설 해석상 과거 사실에 대한 반대를 나타내므로 '가정법 과거완료(대과거)' 문장이다.
따라서 「If + 주어 + had + p.p. ~, 주어 + would + have + p.p. ~.」 형태를 사용하면 된다.

구문분석
If / he / had had / a lot of books, / he / would have been / (so) happy.
　　 S　　 V　　　　　 O　　　　 S　　　　　V　　　　　　　S.C

직독직해 만약 / 그가 / 가졌었다 / 많은 책을 / 그는 / 했었을 텐데 (매우) 행복한

04
해설 해석상 과거 사실이 현재에 영향을 미치는 것을 나타내고 종속절에는 과거를 나타내는 시간의 부사를 주절에는 현재를 나타내는 시간의 부사를 사용하였으므로 '혼합가정법' 문장이다. 따라서 「If + 주어 + had + p.p. ~, 주어 + would + 동사원형 ~.」 형태를 사용하면 된다.

구문분석
If / you / had stayed (up) (late) (last night), you / would be tired (now).
　　　S　　　 V　　　　　　　　　　　　　　S　　　　 V

직독직해 만약 / 너가 / 깨어있었다 (늦게) (지난밤에) / 너는 / 피곤할 텐데 (지금)

05
해설 해석상 과거 사실이 현재에 영향을 미치는 것을 나타내므로 '혼합가정법' 문장이다. 따라서 「If + 주어 + had + p.p. ~, 주어 + would + 동사원형 ~.」 형태를 사용하면 된다.

구문분석
If / she / had not helped / me, / I / would not be (here).
　　 S　　　　V　　　　　 O　 S　　　　V

직독직해 만약 / 그녀가 / 돕지 않았었다 / 나를 / 나는 / 존재하지 않았을 텐데 (여기에)

CHAPTER 08 명사

명사는 문장에 있어서 서술어를 제외한 모든 요소에 들어갈 수 있다. 정확한 구문 분석을 하기 위해서, 동사 찾기가 1단계라면, 2단계는 명사를 찾아서 주어, 목적어, 보어의 위치를 파악하는 것이라 할 수 있겠다. 또한, 관사의 사용 유무로 독해에서 전혀 다른 의미로 사용되는 경우도 많으니, 이점에 유의해서 명사를 분류하고 공부해보자.

056 명사의 종류
057 집합명사
058 고유명사
059 추상명사
060 명사의 복수

056 명사의 종류

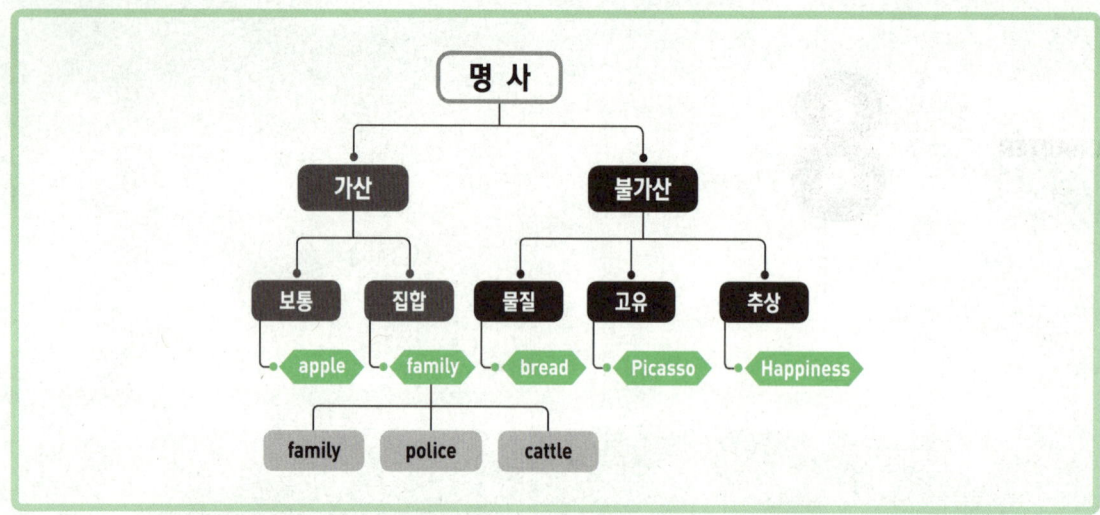

> **읽기를 위한 문법 Point**
> 명사는 셀 수 있는 명사인 ＿＿＿ 명사와, 셀 수 없는 명사인 ＿＿＿＿ 명사로 나뉜다.

1. 가산 명사

보통명사의 경우, 관사가 붙거나 복수형이 되어야 한다.

> a/an + 가산명사, 가산명사 + -(e)s

보통명사 : desk, book, computer 등 일반적인 사물의 이름
집합명사 : family, people, cattle, police 등 집합적인 단어

(1) a/an+단수보통명사
- **A dog** is an useful animal.
  개는 유용한 동물이다.

(2) the+단수보통명사
- **The dog** is an useful animal.
  그 개는 유용한 동물이다.

(3) 복수보통명사
- **Dogs** are useful animals.
  개들은 유용한 동물이다.

2. 불가산 명사

불가산 명사의 경우, 관사를 붙이거나, 복수형이 될 수 없으며, 단수 취급한다.

> a/an +불가산명사 + s

물질명사 : water, rice, bread, juice 등 일정 형태가 없는 물질을 표현한 단어
고유명사 : 사람의 이름, sun, moon, earth 등 세상에서 유일무이한 것
추상명사 : art, music, love, truth, beauty 등 추상적인 단어

3. 주의 해야 할 불가산 명사 (주요기출은 ★ 표시)

information 정보★	weather 날씨★	sunshine 햇빛	significance 중요성
advice 충고	progress 진보	attention 주의	confidence 신뢰, 자신
equipment 장비	fun 재미	pollution 오염, 공해	smoke 연기
business 장사	patience 인내★	efficiency 능률	iron 철
behavior 행동	homework 숙제★★	driving 운전	stone 바위, 석재
news 보도★	health 건강	traveling 여행	oxygen 산소
money 돈	evidence 증거★	knowledge 지식★	water 물★
time 시간	exercise 운동	wealth 부	oil 기름, 석유
influenza 독감	violence 폭력		air 공기

🔑 가산, 불가산

057 집합명사

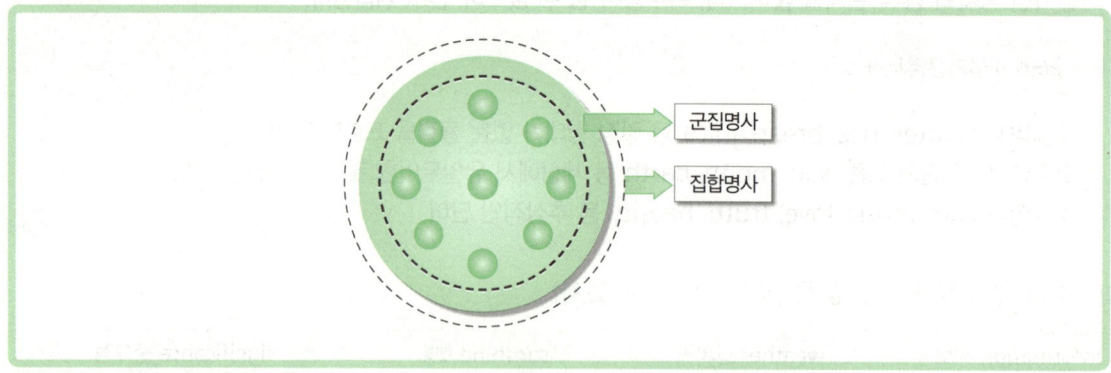

> **읽기를 위한 문법 Point**
> 집합명사는 family형, cattle형, ＿＿＿형으로 나뉘며, 이는 문맥에 맞게 ＿＿＿형 또는 ＿＿＿형 모두 가능하므로 문맥에 따라서 해석한다.

1. family 형		2. cattle 형		3. police형	
family	가족	cattle	소떼	police	경찰
audience	청중				
army	군대				
party	정당				
crowd	군중	people	사람들	clergy	성직자
public	대중				
crew	근무조				
class	계층				
jury	배심원			nobility	귀족
committee	위원회				
assembly	회중	poultry	가금류		
people	민족				
nation	국가			peasantry	소작농
aristocracy	귀족				

1. family형

audience(청중), class(계층), aristocracy(귀족), jury(배심원), army(군대), committee(위원회), party(정당), assembly(회중), crowd(군중), people(민족), public(대중), nation(국가), crew(근무조)

(1) 집합명사 : 하나의 통합체로 볼 때에는 집합명사라고 칭하고 단수 취급
  • **The audience was** stamping and cheering. 관중은 발을 구르며 환호성을 질러댔다.

(2) 군집명사 : 각각의 구성원 전체를 나타내는 경우에는 군집명사라 하여 복수 취급
  • **The audience were** nearly all men. 관중들은 거의 남자였다.

집합명사	군집명사
• My family lives here. (가족 전체) 우리 가족은 여기에 산다.	• My family are all Christian. (가족 구성원들) 우리 가족들은 전부 기독교인이다.
• The committee meets today. (위원회 전체) 위원회는 오늘 만난다.	• The committee are informed. (위원회 전체) 위원회 위원들은 알림을 받았다.
• The jury consists of twenty persons. (배심원단 전체) 배심원단은 20명이다.	• The jury were divided in their opinions again. (배심원들) 배심원들은 또다시 의견이 갈렸다.
• The audience was very large. (청중단 전체) 청중단은 굉장히 많았다.	• The audience were pleased with the performance. (청중 구성원) 청중들은 공연에 만족했다.

2. Cattle형

cattle(소떼), people(사람들), poultry(가금류들)

a/the + cattle s /are: 복수취급

• **Cattle** are standing under the tree. 소들이 나무 아래에 서 있다.

3. Police형

police(경찰들), clergy(성직자들), nobility(귀족들), peasantry(소작농들)

a/the + police s /are: 복수취급

The police (경찰들) ⋯ a policeman (경찰 한사람)
The nobility (귀족들) ⋯ a nobleman (귀족)
The peasantry (농민들) ⋯ a peasant (농민 한사람)

• **The police** are digging deep into this case to solve it.
경찰은 그 사건을 해결하기 위해 철저히 조사하고 있다.

---

do's & don'ts

many people vs many peoples

Do's
many people 많은 사람들
many peoples 많은 민족들

Do's
people 사람들 (군집)
two peoples 두 민족들 (집합)

many people (많은 사람들), some people (어떤 사람들)처럼 people이 "사람들"의 뜻으로서 군집명사로 쓰일 땐 복수 취급을 하며 복수동사를 사용한다. 그러나 people이 국민, 민족의 뜻으로 쓰일 땐 집합명사로 단수 취급을 한다.

police, 단수, 복수

058 고유명사

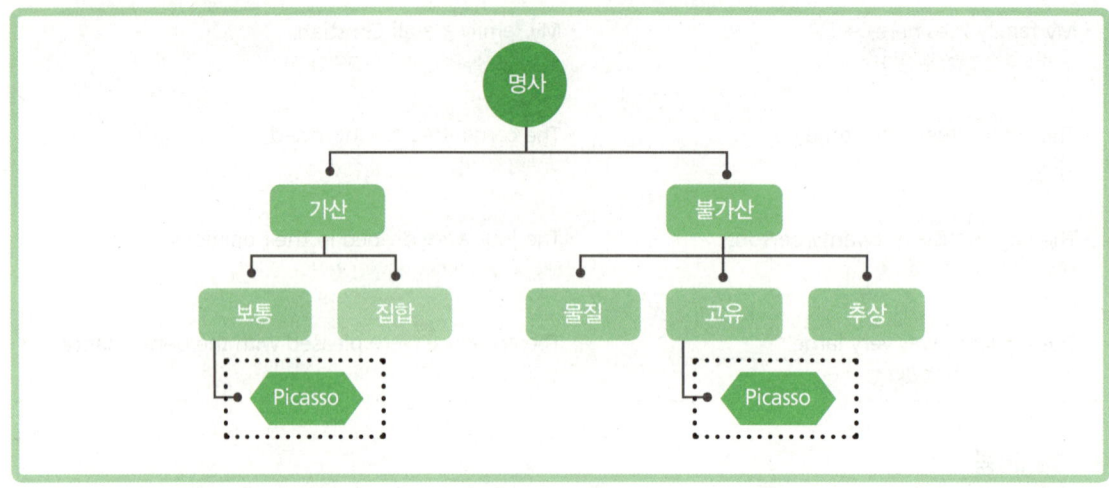

읽기를 위한 문법 Point

고유명사는 그 문맥에 따라서 _____의 의미를 가지기도 한다.

사람이름, 지명, 요일, 월과 같이 사물의 고유한 이름을 나타내는 명사를 가리킨다. 원칙은 첫 글자는 대문자로 쓰고, 부정관사(a/an)나 정관사(the)를 붙이지 않으며 복수형으로 쓰지 않는 것이다. 그러나 보통 명사화하는 경우가 있으니 아래의 예들에 주의해서 해석을 한다.

- **The Cuthberts** knew how to make people happy.
  Cuthbert부부는 사람들을 행복하게 하는 방법을 알고 있었다.

  Top tip ★ 'the + 이름'은 일가족 또는 부부를 의미한다.

- He bought **a Rolls-Royce**.
  그는 Rolls-Royce 자동차 한 대를 구입했다.

  Top tip ★ 고유명사 제품이나 작품을 말 할 때 사용한다.

- There are **two Monets** in the gallery.
  갤러리에 모네 작품 두 점이 있다.

  Top tip ★ 특정 작품을 의미하기도 한다.

- **A Sartre** cannot become **a Mozart**.
  Sartre 같은 사람은 Mozart 같은 사람이 될 수 없다.
  문장에서 고유명사는 '~와 같은 사람'을 의미한다.

- There are three **Jimmys** and three **Jessicas** in our class.
  우리 반에는 3명의 Jimmy와 3명의 Jessica가 있다.

  Top tip ★ 같은 이름의 사람이 여럿 일 때 복수 취급을 한다.

가산 명사

059 추상명사

* 암기해야 할 추상 명사 관련 관용표현

the good 선
the true 진실
the unknown 미지의 일
the humorous 익살스러움
the beautiful 미

읽기를 위한 문법 Point

beautiful : 아름다운, the beautiful : _____

1. 추상명사 : 성질, 상태, 개념을 나타내는 명사

(1) 추상명사의 보통명사화 : 구체적 행위, 경험, 기회 등을 나타낼 때 보통명사처럼 쓰여 부정관사(a/an)를 붙이거나 복수형을 쓸 수 있다.

- Protecting all company assets is one of her **responsibilities**.
  회사의 모든 자산을 보호하는 것은 그녀의 책임사항 중 하나이다.

institution	일반명사: 설립/제정	보통명사화: 단체/기관
coincidence	일반명사: 일치/부합	보통명사화: 우연히 일치한 일
replacement	일반명사: 대신/대체	보통명사화: 대신하는 것들
assignment	일반명사: 할당/숙제	보통명사화: 할당된 것들/숙제물
responsibility	일반명사: 책임	보통명사화: 책임사항
addition	일반명사: 추가	보통명사화: 추가된 것/사람

(2) have + the 추상명사 to 동사원형 : be + 형용사 + enough to 동사원형 : ~하게도 …하다.

- Greg **had the kindness to walk** me to the door.
  Greg은 친절하게도 나를 문까지 바래다주었다.

(3) to one's 추상명사(감정명사) : ~하게도

to my sorrow : 슬프게도	to my relief : 안심이 되게도
to my shame : 창피스럽게도	to my grief : 슬프게도
to my regret : 후회스럽게도	to my distress : 비탄스럽게도
to my disappointment : 실망스럽게도	to my surprise : 놀랍게도

답 아름다움

060 명사의 복수

단수형	복수형
woman 여자	women 여자들
tooth 치아	teeth 치아들
foot 발	feet 발들
goose 거위	geese 거위들
mouse 쥐	mice 쥐들
ox 황소	oxen 황소들
child 아이	children 아이들

> **읽기를 위한 문법 Point**
>
> 명사 glass는 '유리'의 의미이며, 복수명사형태인 glasses는 '____'의 의미를 나타내므로 복수형 해석에 주의 해야 한다.

1. 분화 (명사)복수: 복수 형태가 되면서 전혀 다른 뜻을 갖게 된 명사.

분화 명사			
단 수	복 수	단 수	복 수
air 공기	airs 뽐내는 태도	time 시간, 시, 때	times 시대
advice 충고	advices 보고, 통지	good 이익	goods 상품, 화물
arm 팔	arms 무기	people 사람, 세인	peoples 국민, 민족
ash 재	ashes 유골	letter 문자, 편지	letters 문학, 학문
water 물	waters 바다, 강	manner 방법, 태도	manners 예법
custom 습관	customs 관세, 세관	writing 쓰기	writings 저작
respect 존경	respects 인사	part 부분	parts 부품, 지역
pain 고통	pains 노력, 수고	circumstance 사정	circumstances 경우
sand 모래	sands 사막	content 만족	contents 내용, 차례
force 힘	forces 군대	quarter 4분의 1	quarters 숙소, 진영
paper 종이	papers 서류	glass 유리	glasses 안경
physic 의술, 약	physics 물리학	work 일	works 공장
color 색	colors 깃발	spectacle 광경	spectacles 안경
spirit 정신	spirits 기분	cloth 옷감	clothes 옷

답 안경

M·E·M·O

CHAPTER 08
Exercise

주어진 문장에서 명사구를 찾아 밑줄 치시오.

01 She found an old wallet.

02 My favorite activity is hiking.

03 His red car is parked outside.

04 The small dog beyond the pretty fence barked loudly.

05 The beautiful painting was stolen from the famous gallery.

빠른 정답 Check ✓

01 an old wallet
02 My favorite activity
03 His red car
04 The small dog / the pretty fence
05 The beautiful painting / the famous gallery

CHAPTER 08
Exercise 정답 및 해설

01

해설 'an old wallet'은 'wallet'이라는 명사를 포함하고 있으며, 관사 'an'과 형용사 'old'로 수식된 명사구이다. 주어진 문장에서 'an old wallet'은 동사 'found'의 목적어로 사용되었다.

구문분석 She / found / an old wallet.
　　　　　 S　　V　　　 O

직독직해 그녀는 / 발견했다 / 오래된 지갑을
해석 그녀는 오래된 지갑을 발견했다.

02

해설 'My favorite activity'는 'activity'라는 명사를 포함하고 있으며, 형용사구 'My favorite'로 수식된 명사구이다. 주어진 문장에서 'My favorite activity'는 주어로 사용되었다.

구문분석 My favorite activity / is / hiking.
　　　　　　　 S　　　　　　 V　 S.C

직독직해 나의 가장 좋아하는 활동은 / ~이다 / 하이킹
해석 나의 가장 좋아하는 활동은 하이킹이다.

03

해설 'His red car'는 'car'라는 명사를 포함하고 있으며, 소유격 형용사 'his'와 형용사 'red'로 수식된 명사구이다. 주어진 문장에서 'His red car'는 주어로 사용되었다.

구문분석 His red car / is parked (outside).
　　　　　　 S　　　　　 V

직독직해 그의 빨간 차는 / 주차되어 있다 / 밖에
해석 그의 빨간 차는 밖에 주차되어 있다.

04

해설 'The small dog'는 'dog'라는 명사를 포함하고 있으며, 관사 'The'와 형용사 'small'로 수식된 명사구이다. 주어진 문장에서 'The small dog'는 주어로 사용되었다. 더해 'the pretty fence'는 'fence'라는 명사를 포함하고 있으며, 관사 'the'와 형용사 'pretty'로 수식된 명사구이다. 주어진 문장에서 'the pretty fence'는 전치사 'beyond'의 목적어로 사용되었다.

구문분석 The small dog (beyond the pretty fence) barked (loudly).
　　　　　　　　 S　　　　　　　　　　　　　　　　　 V

직독직해 작은 개가 (예쁜 울타리 너머에 있는) 짖었다 (크게)
해석 예쁜 울타리 너머에 있는 작은 개가 크게 짖었다.

05

해설 'The beautiful painting'은 'painting'이라는 명사를 포함하고 있으며, 관사 'The'와 형용사 'beautiful'로 수식된 명사구이다. 주어진 문장에서 'The beautiful painting'은 주어로 사용되었다. 더해 'the famous gallery'는 'gallery'라는 명사를 포함하고 있으며, 관사 'the'와 형용사 'famous'로 수식된 명사구이다. 주어진 문장에서 'the famous gallery'는 전치사 'from'의 목적어로 사용되었다.

구문분석 The beautiful painting / was stolen (from the famous gallery).
　　　　　　　　 S　　　　　　　　　　 V

직독직해 그 아름다운 그림이 / 도난당했다 (유명한 갤러리에서)
해석 그 아름다운 그림이 유명한 갤러리에서 도난당했다.

CHAPTER 09 관사

관사는 명사 앞에 붙는 '모자'와 같은 역할을 한다. 그리고 비영어권 생활자들이 가장 어려워하는 부분도 '관사'이다. 관사는 꼭 붙여야하는 경우가 대부분이지만, 무관사로 사용해야 할 부분도 있다. 단순히 암기하는 것이 아니라, 논리에 근간을 둔 이해를 할 수 있도록 하자.

061 부정관사의 쓰임

062 정관사의 쓰임

063 무관사의 쓰임

061 부정관사의 쓰임

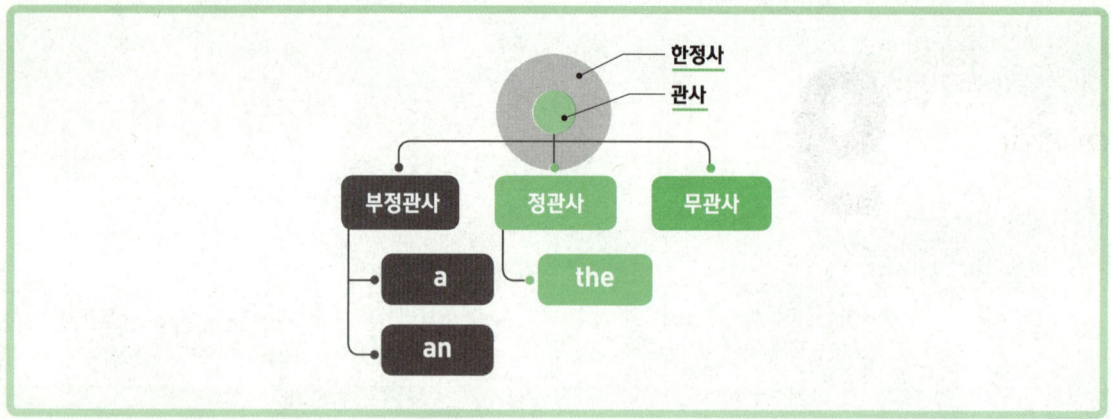

읽기를 위한 문법 Point

셀 수 있으나 구체적이지 않고 막연하고 정해지지 않은 명사의 단수 앞에 오는 부정관사 ____ 는 '하나의'의 의미 외에도 다양한 의미로 문맥상 사용한다.

1. 부정관사의 쓰임

(1) '하나'를 나타내는 명사 앞에서 개수 '하나'를 의미한다.
- I had **a** bowl of yogurt for breakfast.
  나는 아침식사로 요거트 한 컵을 먹었다.

(2) 'a + 서수'인 경우 또 다른 하나의 'another'의 의미가 된다.
- She became pregnant with **a** second child.
  그녀는 두 번째 아이를 임신하였다.

(3) 'per, each'의 의미로 상용된다.
  'a/an'이 시간, 거리, 금액의 명사와 같이 쓰여서 '각 ~마다 / ~당'의 의미를 가진다.
- He rode 80miles **an hour**.
  그는 시간당 80 마일로 달렸다.

(4) '같은, 동일한' 의미로 'the same'으로 대체할 수 있다.
- They are of **a** mind.
  그들은 같은 생각을 가지고 있다.
- We are of **an** age.
  우리는 모두 동갑이다.
- They were two of **a** kind, from the same sort of background.
  그들은 같은 종류의 배경을 가진 비슷한 사람이었다.

답 a/an

062 정관사의 쓰임

I like **a** dog.
부정관사

I like **the** dog.
정관사

I like dog.
무관사

읽기를 위한 문법 Point

정관사 ____ 는 의미를 한정하거나 특정한 명사를 지칭하므로 ____ 로 해석한다.

1. 정관사의 쓰임

(1) 앞 명사 반복할 때 사용한다.

- He has a car. **The car** is white RV.
  그는 차가 있다. 그 차는 하얀색 RV이다.

(2) 수식어가 특정 명사를 뒤에서 수식할 때, 명사 앞에 붙인다.

- He has **the** wisdom of Solomon.
  그는 솔로몬의 지혜를 갖고 있다.

(3) 대화의 청자의 화자가 서로 알고 있는 명사를 지칭할 때 사용한다.

- Please, close **the door**.
  문을 닫아 주시오.
- Where is the church?
  교회는 어디 있어요?
- The church is near **the** post office.
  교회는 우체국 근처에 있다.

(4) 종족을 대표할 때 사용한다.

- **The dog** hears well.
  개는 소리를 잘 듣는다.

do's & don'ts

종족대표 a cat vs the cat

- **The cat** is a useful animal.
  고양이는 충직한 동물이다.

- **A cat** is a useful animal.
  고양이는 충직한 동물이다.

---

(5) 단위명사 앞에 정관사를 이용한다.
- Salt is sold **by the pound**.
  소금은 파운드로 팔린다.

(6) 유일무이한 존재 앞에 정관사를 사용한다.
  the sun, **the** moon, **the** earth, **the** sea, **the** sky, **the** universe, **the** galaxy

(7) 최상급, 서수 앞에 정관사를 사용한다.
- Harry Potter and the Half Blood Prince is very interesting and **the best** Harry Potter film so far.
  해리포터와 혼혈왕자 영화는 매우 재밌고 지금까지 해리포터 영화 중에 가장 잘 만들어졌다.

(8) 기계, 발명품, 악기명 앞에 정관사를 사용한다.
- Hello kitty is **the cartoon character** invented by Sanrio in Japan.
  헬로키티는 일본에서 샌리오에 의해 발명된 만화 캐릭터입니다.
- He plays **the drum** well.
  그는 드럼을 잘 친다.

2. the + 고유명사

- 개체가 모여 이룬 전체(사물 등의 정식 명칭)

The United States	미합중국	The United Nation	유엔(국제 연합)
The Philippines	필리핀	the Netherlands	네델란드

- 산맥, 제도, 반도

the Alps	알프스	the Korean Peninsula	한반도

- 강, 해양, 운하, 해협

the Nile	나일강	the Suez Canal	수에즈 문화

The, 그[저]

063 무관사의 쓰임

무관사	의미	정관사	의미
go to school	학교 가다	go to the school	학교에 다른 목적으로 가다
go to bed	자러 가다	go to the bed	침대에 다른 목적으로 가다
go to church	예배보러 가다	go to the church	교회에 다른 목적으로 가다
go to prison	감옥가다(투옥되다)	go to the prison	감옥에 다른 목적으로 가다

> **읽기를 위한 문법 Point**
>
> school, bed, church, prison등의 명사를 무관사로 제시하는 것은 기관의 _____ 목적을 위해 가는 것을, 정관사 the와 함께라면 다른 특별한 목적으로 가는 것을 나타낸다.

1. 건물, 장소, 가구

건물이나 장소, 또는 가구 그 자체를 나타낼 때는 관사가 붙지만 **건물이나 장소, 가구 등이 그 본래 목적의 의미를 가질 때**는 관사가 생략된다.

- We **go to school** everyday.
  우리는 매일 학교에 (공부하는 목적으로) 간다.
- She lives near **the school**.
  그녀는 학교 근처에 산다.
  ✏ 건물을 뜻하므로 관사가 함께 쓰인다.
- You'd better **go to bed** now.
  너는 이제 가서 자는 게 좋겠다.
- Make **the bed** every time before you go to school.
  매번 학교에 가기 전에 침대를 정리하라.
  ✏ 침대라는 가구 자체를 뜻하므로 관사가 함께 쓰인다.

2. 식사, 운동경기, 계절

식사, 운동 경기, 병, 학과, 계절의 이름 앞에는 관사를 붙이지 않는다.

- **Breakfast** is ready!
  아침식사 준비 다 됐다!
- He plays **basketball** every Sunday morning.
  그는 매주 일요일 아침에 농구를 한다.
- Her older brother died of **heart attack**.
  그녀의 오빠는 심장마비로 죽었다.
- Jason is good at **chemistry**.
  Jason은 화학 과목을 잘한다.
- **Monday** comes after **Sunday**.
  일요일이 지나면 월요일이 온다.

3. 무관사 관용표현

(1) by + 교통수단

전치사 by를 써서 교통수단을 나타낼 때는 관사 없이 쓰인다.

- by plane / by air : 비행기로 / 항공편으로
- by boat / by ship / by sea : 배로, 해로로
- by bus : 버스로
- by land : 육로로
- by train : 기차로
- by taxi : 택시로
- by subway : 지하철로

- Tomorrow he is going to Madrid **by car**. 내일 그는 차로 마드리드에 갈 것이다.

(2) on + 교통수단

교통수단을 나타낼 때 전치사 on을 쓰며 관사 없이 쓰인다.

- on foot : 도보로, 걸어서
- on horseback : 말을 타고

- She wanted to go to school **on foot**.
  그녀는 걸어서 학교로 가고 싶었다.
- The knight went to the village **on horseback**.
  그 기사는 마을에 말을 타고 갔다.

---

do's & don'ts

on bike vs on a bike

- His mom went to library on ~~bike~~.
  그의 어머니는 자전거를 타고 도서관에 갔다.

- His mom went to library **on a bike**.
  그의 어머니는 자전거를 타고 도서관에 갔다.

교통편을 나타낼 때 by 대신에 in이나 on이 쓰이면 in a taxi, on the train 등과 같이 관사가 쓰인다.

본래의

CHAPTER 09
Exercise

▶ 괄호 안의 관사 중 적절한 것을 고르시오.

01 A woman saw (a / the) dog. The dog was very friendly.

02 A girl found a cat. (A / The) cat was hiding under a car.

03 A child drew (a / the) picture. The picture was of a house.

04 A woman found a ring. She put (a / the) ring on her finger.

05 A man bought an apple. He ate (an / the) apple for breakfast.

빠른 정답 Check ✓
01 a
02 The
03 a
04 the
05 the

CHAPTER 09
Exercise 정답 및 해설

01
[해설] 불특정한 대상을 처음 언급할 때는 'a(n)'을 사용하고, 이미 언급된 대상을 다시 언급할 때는 'the'를 사용한다. 따라서 'a'가 적절하다.
[구문분석] A woman saw a dog. The dog was very friendly.
[직독직해] 한 여자가 / 보았다 / 개를. 그 개는 / 매우 친근했다.
[해석] 한 여자가 개를 보았다. 그 개는 매우 친근했다.

02
[해설] 불특정한 대상을 처음 언급할 때는 'a(n)'를 사용하고, 이미 언급된 대상을 다시 언급할 때는 'the'를 사용한다. 따라서 'The'가 적절하다.
[구문분석] A girl / found / a cat. The cat / was hiding (under a car).
           S   V   O   S   V
[직독직해] 한 소녀가 / 발견했다 / 고양이를. 그 고양이는 / 숨어 있었다 (차 아래에).
[해석] 한 소녀가 고양이를 발견했다. 그 고양이는 차 아래에 숨어 있었다.

03
[해설] 불특정한 대상을 처음 언급할 때는 'a(n)'를 사용하고, 이미 언급된 대상을 다시 언급할 때는 'the'를 사용한다. 따라서 'a'가 적절하다.
[구문분석] A child / drew / a picture. The picture / was (of a house).
           S   V   O   S   V
[직독직해] 한 아이가 / 그렸다 / 그림을. 그 그림은 / ~이다 (집에 관한).
[해석] 한 아이가 그림을 그렸다. 그 그림은 집을 그린 것이었다.

04
[해설] 불특정한 대상을 처음 언급할 때는 'a(n)'를 사용하고, 이미 언급된 대상을 다시 언급할 때는 'the'를 사용한다. 따라서 'the'가 적절하다.
[구문분석] A woman / found / a ring. She / put / the ring (on her finger).
           S   V   O   S   V   O
[직독직해] 한 여자가 / 발견했다 / 반지를. 그녀는 / 그 반지를 / 끼웠다 (그녀의 손가락에).
[해석] 한 여자가 반지를 발견했다. 그녀는 그 반지를 그녀의 손가락에 끼웠다.

05
[해설] 불특정한 대상을 처음 언급할 때는 'a(n)'를 사용하고, 이미 언급된 대상을 다시 언급할 때는 'the'를 사용한다. 따라서 'the'가 적절하다.
[구문분석] A man / bought / an apple. He / ate / the apple (for breakfast).
           S   V   O   S   V   O
[직독직해] 한 남자가 / 샀다 / 사과를. 그는 / 먹었다 / 그 사과를 (아침으로).
[해석] 한 남자가 사과를 샀다. 그는 그 사과를 아침으로 먹었다.

CHAPTER 10 대명사

대명사는 명사를 대신해서 사용한다 해서 대명사라 한다. 특히나 어법 문제에서 명사와의 수 일치 등이 적용되던 동사와의 수 일치 등과 관련된 문항 등으로 출제되며, 각 대명사별 쓰임에 대한 문제 출제빈도가 높다.

064 대명사 it의 쓰임

065 지시대명사 this/that

066 재귀대명사

067 부정대명사 one/others의 용법

068 부정대명사 some/others의 용법

069 all, each, every 용법

070 의문사 쓰임

071 직접의문문과 간접의문문

072 부가의문문

073 소유대명사

064 대명사 it의 쓰임

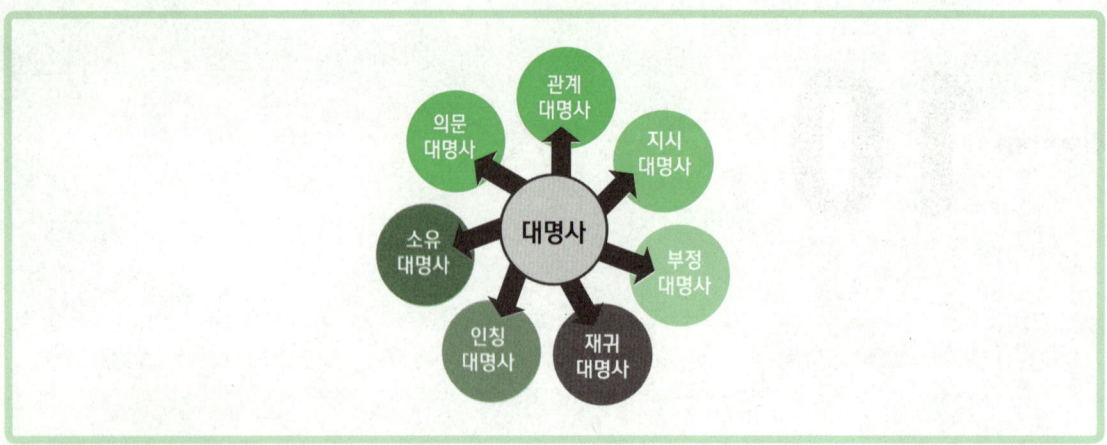

> **읽기를 위한 문법 Point**
>
> 대명사는 문장에서 ____과 _____를 반영해서 해석한다. 단 it은 ____에 쓰이며, 단수 취급한다.

1. 대명사 it의 용법

(1) 앞에 나온 명사, 구, 절을 it으로 받아주며, 단수 취급한다.

- The boy grabbed a red tomato and threw **it**(=a red tomato).
  소년은 토마토 한 개를 잡고 그것을 던졌다.
- The boy is innocent, I know **it**(=the boy is innocent) quite well.
  소년은 결백하다. 나도 그것을 잘 알고 있다.

(2) 비인칭주어

문장에서 날씨, 계절, 시간, 거리, 요일, 명암 등과 같이 특정한 대상이 없는 막연한 상황을 나타낼 때는 비인칭 주어 it을 사용한다.

- **It** is windy today. (날씨)
  오늘은 바람이 많이 분다.
- **It** is winter now. (계절)
  이제 겨울이다.
- **It's** half past ten. (시간)
  10시 30분이다.
- How far is **it** from here to the amusement park? (거리)
  여기서 놀이공원까지 거리가 얼마나 됩니까?
- What day is **it**? **It** is Tuesday. (요일)
  오늘이 무슨 요일입니까? 화요일입니다.
- **It** is dark at dawn. (명암)
  새벽에는 어둡다.

성별, 단/복수, 중성

065 지시대명사 this/that

지시대명사	의 미	비 고
this(these)	이것(이것들)	비교적 가까운 것이나 사람을 가리킴
that(those)	저것(저것들)	먼 것이나 사람을 가리킴

> **읽기를 위한 문법 Point**
> 단수 지시대명사는 앞선 명사중 ___명사 또는 ___취급 명사를 지칭하며, 복수 지시대명사는 ___명사를 지칭해서 해석해야 한다.

1. 지시대명사 this/that

(1) this는 시·공간적으로 가까운 것, that은 상대적으로 멀리 있는 것

- One man does **this**, and another does **that**.
  누군가는 이것을 하고, 다른 사람은 저것을 한다.

 cf. 단, this·that 다음에 명사가 오면 지시형용사가 된다.

- **This** air conditioner was broken.
  이 에어컨은 고장 났다.

- I don't like **that** movie.
  나는 그 영화를 좋아하지 않는다.

(2) 전자에는 that, 후자에는 this ; 화자의 시점 기준

- Honesty is above wealth; *this(wealth)* cannot give so much happiness as *that(honesty)*.
  정직함은 부유함보다 중요하다, 후자(부유함)은 전자(정직함)만큼 많은 행복을 줄 수 없다.

전 자	후 자
the one	the other
the former	the latter
that	this

> 단수, 단수, 복수

066 재귀대명사

1. 재귀적 용법

주어	동사	목적어
One	love	oneself

주어	동사	전치사	목적어
One	be afraid	of	oneself

2. 강조적 용법

주어, 목적어, 보어, 문장 끝에 위치

주어	동사	목적어	강조적 용법
One	be afraid of	someone	oneself

읽기를 위한 문법 Point

재귀대명사 ~ self는 앞선 명사를 _____ 으로 해석한다.

1. 재귀적 용법

재귀대명사가 재귀동사·타동사·전치사 등의 목적어로 쓰이는 경우로, 주어의 동작이 주어 자신에게 영향을 미치는 용법으로서 '자기 자신을 ~하다'라는 의미로 쓰인다. 이때의 재귀대명사는 생략이 불가능하다.

재귀동사: oversleep, avail, pride, absent

- He absented **himself** from school.
  그는 학교를 결석하였다.

- I can't make **myself** understood in Japanese.
  나는 일본어로 의사전달을 할 수 없다.
  🦉 'make oneself understood in 언어'는 특정 언어로 자신의 말을 이해시키다 즉, 의사를 이해시키다의 의미로 쓰인다.

2. 강조적 용법

주어, 목적어 뒤에 동격으로 쓰여, 그 주어나 목적어의 의미를 강조하며, 문장 끝에 놓이기도 한다.
강조 용법으로 사용시, 재귀대명사는 생략이 가능하며, '~자신, ~까지도, ~도 또한'의 의미를 가진다.

- He must finish it **himself**.
  그는 반드시 그것을 스스로 끝내야 한다.

3. 전치사 + 재귀대명사 관용표현

of it self	저절로
to oneself	혼자, 배타적으로
for oneself = without other's help	자신을 위해서, 스스로
beside oneself = insane = mad = at the end of self-control	제정신이 아닌, 미친
in itself innately = by nature	본질적으로
between ourselves	우리끼리 얘긴데
come to oneself = become conscious	의식을 찾다, 제정신이 들다.
pride oneself on = be proud of = take (a) pride in.	~을 자랑하다.
absent oneself from = be absent from.	~에 결석하다.
present oneself at = be present at = take part in = participate in	~에 참석하다.
avail oneself of make use of = utilize	~을 이용하다.
accustom oneself to = be accustomed to = be used to	~에 익숙해지다.
overdrink oneself	과음하다.
overeat oneself	과식하다.
overwork oneself	과로하다.
oversleep oneself	늦잠 자다.
apply oneself to	~에 전념하다.
lose oneself	길을 잃다.
revenge oneself	복수하다.
help oneself to	~을 마음껏 들다(먹다)
say to oneself	(마음속으로) 혼잣말을 하다, 스스로 다짐하다.
for oneself = without any help	혼자의 힘으로
by oneself = alone	홀로
of oneself = spontaneously	저절로

- I went to the concert hall **by myself**.
  나는 그 콘서트장에 스스로 갔다.

- I want to knit the scarf **for myself**.
  나는 스카프를 짜는 것을 내 스스로 하기를 원한다.

- The door closed **of itself**.
  그문은 저절로 닫혔다.

- **Between ourselves**, I don't like her.
  우리끼리 이야기인데 나는 그녀를 좋아하지 않는다.

- **Help yourself** to the buffet.
  맘껏 뷔페를 드세요.

답 ~스스로[자신]

067 부정대명사 one/ others의 용법

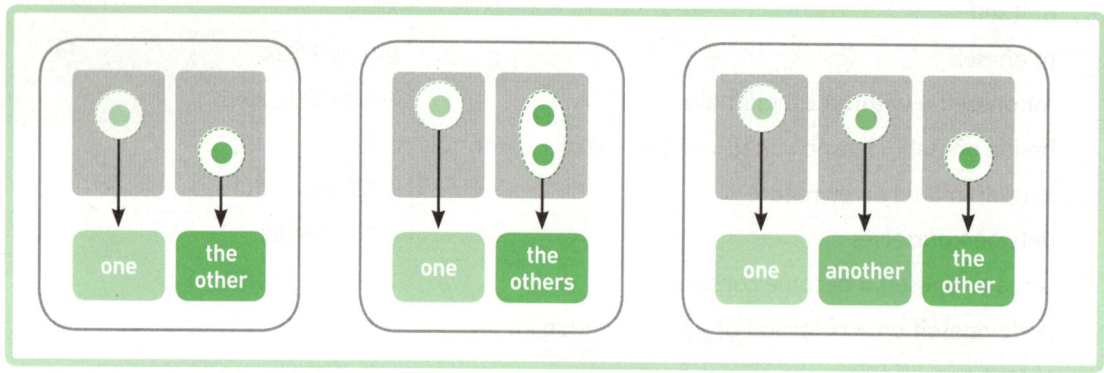

읽기를 위한 문법 Point

지시대명사 it과 다르게, 부정대명사 one은 ___ 하지 않은 명사를 지칭할 때 사용한다.

1. one의 용법

(1) 일반적인 사람을 지칭할 때

one이 일반적인 뜻으로 '사람, 세상 사람, 누구나'와 같이 사용되는 경우이다.

- **One** should learn. 사람은 배워야 한다.
- **One** has one's secret. 누구나 비밀은 있다.

✎ one이 막연하게 사람을 가리키지 않고, 어느 특정 한 사람을 가리킬 때에는 him, his, himself 등으로 대신한다.

(2) 부정대명사 one vs. 지시대명사 it

부정대명사 one은 특정한 명사를 지칭하는 지시대명사 it과는 다르게 a + 단수 보통명사로 같은 종류의 물건이나, 다른 물건을 나타낼 때 사용한다.

- If he needs a computer, I will lend him **one**. (one = a computer)
  만약 그가 컴퓨터가 필요하다면 내가 하나 빌려줄 것이다.
- I bought a smart phone, but I lost **it**. (it = the smart phone)
  나는 스마트폰을 샀는데 그것을 잃어버렸다.

✎ 'this, that + 단수 보통명사'의 경우 보통은 바로 그 물건을 말하며, 'it'으로 받아준다.

2. another용법

(1) another는 'an + other'의 형태로, 셋 이상 중 남은 것 중 하나를 가리키는 단수 표현이다.

- I have six cars; three of them are blue, **another** is yellow, and the others are black.
  나는 6대의 자동차를 갖고 있다. 그것들 중 3대는 파란색이고, 다른 한 대는 노란색이고, 그 나머지들은 검정색이다.

(2) 형용사 another의 쓰임

another는 'an + other'의 형태로, 형용사로 쓰일 때 '또 하나의, 다른 하나의'라는 뜻으로 단수 명사를 수식한다.

- We shall have **another** try.
  우리는 다시 한 번 해볼 것이다.
- Will you have **another** cup of water?
  물 한 잔 더 마시겠습니까?
- He is going to stay **another** week.
  그는 한 주 더 머물 것이다.

3. other(s) 용법

(1) one, the other

one은 둘 중 하나, the other는 남은 하나를 말한다.

- I have two aunts; **one** is in Canada, and **the other** in Japan.
  나는 이모가 두 분이 계시다. 한 분은 캐나다에 그리고 다른 한 분은 일본에 계시다.
- He has a white and a gray car; **the one** is more expensive than **the other**.
  나는 차가 흰 차와 회색 차가 있다. 전자(흰색 차)가 후자(회색 차)보다 더 비싸다.
  ✎ 'the one, the other'는 '전자는, 후자는'이라는 의미로 순서와 관련이 있다.

(2) one, the others

one은 여러 개 중 하나, the others는 나머지 전부를 말한다.

- There are five students; one studies history, and **the others** study math.
  다섯 명의 학생이 있는데 한 명은 역사를 공부하고 나머지는 수학을 공부한다.

특정

068 부정대명사 some/ others의 용법

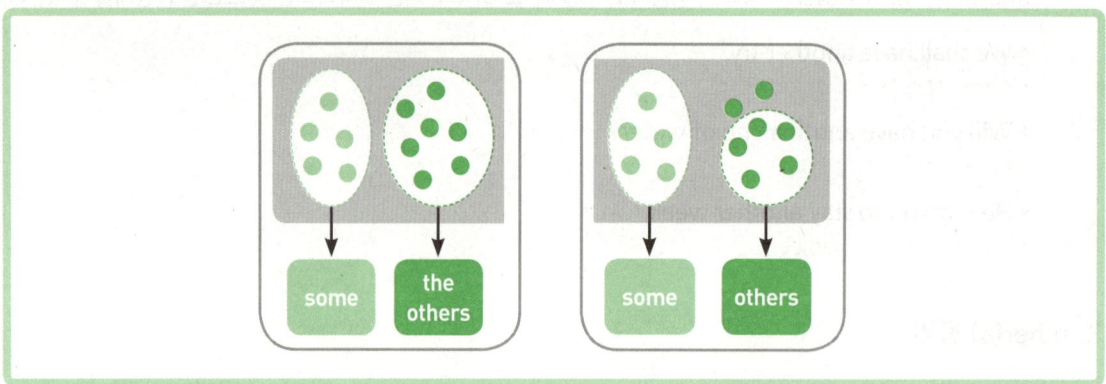

읽기를 위한 문법 Point

some은 전체 중에서 ____를, others는 다른 일부를, the others는 _____를 나타낼 때 사용한다.

1. 대명사 some/others 용법

① some ~, others : 약간은, 또 약간은. (집단이나 한계가 막연할 때)
② some ~, the others : 약간은 그리고 나머지는. (집단이나 한계가 명확할 때)

- **Some** went on foot; and **others** went by car.
  몇몇은 걸어서 갔고 나머지는 차를 탔다.
- There are five students; **some** study geography, and **the others** study math.
  다섯 명의 학생이 있는데 몇몇은 지리를 공부하고 나머지는 수학을 공부한다.

2. 형용사 some 용법

(1) 긍정문(some)

some과 any는 '몇몇의, 어떤'의 의미로 가산 명사의 복수형을, '약간의, 조금의' 의미로 불가산 명사(단수형)를 수식한다.

- I have a lot of cookies; if you want **any cookies**, I will give you **some cookies**.
  나는 쿠키가 많다. 만약 당신이 원하면, 약간 줄 것이다.
- Is there **any coffee** in the bottle? • No, there isn't **any coffee**.
  커피가 조금이라도 있습니까? 아니요, 조금도 없습니다.
  ✎ 의문문/조건문/부정문의 경우는 any로 대신한다.

(2) 청유문(some)

형용사 some은 권유나 청유의 문장에서 긍정적인 반응을 기대하며 가산 복수 또는 불가산 명사를 수식한다.

- Will you have **some muffins** and **some milk**?
  머핀 몇 개와 우유 좀 드시겠어요?

일부, 나머지 전부

069 all, each, every 용법

단수	복수	
one	ones	막연한 것을 지칭
it	they	특정한 것을 지칭
that	those	특정한 것을 지칭
this	these	특정한 것을 지칭(+ 전명구)
all	all	사람 사물을 지칭
each	–	단수명사만 지칭

읽기를 위한 문법 Point

each와 every는 각각 ___, ___ 의 해석으로 단수명사 앞에 쓰인다.

1. all의 쓰임

단수, 복수가 가능하며, 대명사, 형용사, 부사 역할을 한다.

- **All** of the teachers are supposed to finish the seminar. (대명사)
  선생님들 모두는 세미나를 끝내기로 하다.

- **All** (the) sisters are kind. (형용사)
  모든 여자 형제는 친절하다.
  ✎ 형용사로 sister를 꾸민다.

- It was **all** covered with snow. (부사)
  그것은 눈으로 모두 덮였다.

- **All** are brave when the enemy flies. (복수 명사)
  적이 달아날 때는 누구나 용감하다.
  ✎ 사람을 가리킬 때는 복수 취급한다.

- **All** is well. (단수 취급 명사)
  모든 것이 잘되고 있어.

2. each vs. every 쓰임

each와 every모두 형용사로 단수명사와 결합할 수 있으며 항상 단수 취급한다. 그러나 each는 단수 명사로 단독 사용될 수 있다.

- **Each(Every)** sister has her own room.
  각각의(모든) 여자 형제는 자신의 방이 있다.

- **Each** of the sisters has her own room.
  여자 형제들 각각은 자신의 방이 있다.
  ✎ 'each of 복수명사'의 경우 'each'는 대명사로 쓰였다.

📖 각각, 모든

070 의문사의 쓰임

	의문대명사			의문형용사	의문부사	
	주격	소유격	목적격		시간	when
사람	who	whose	whom	whose	장소	where
사물	what, where		–		이유	why
사람/사물	which			what, which	방법	how

읽기를 위한 문법 Point

의문사는 문장속에서 묻고자 하는 내용의 품사에 맞추어 _____, _____, _____ 를 선택한다.

1. 의문대명사

who, whom, what 등에 해당된다.

(1) who/whom

사람의 성명, 혈족 관계 등을 묻는 의문대명사이다.

- **Who** is she? She is Olivia, my cousin. 그녀는 누구입니까? 그녀는 내 사촌, Olivia입니다.
- To **whom** did you give the book? 그 책을 누구에게 주었니?

(2) what

사람의 직업, 신분 및 사물을 묻는 의문대명사이다.

- **What** is she? She is a lawyer. 그녀는 직업이 무엇입니까? 그녀는 변호사입니다.
- **What** makes him believe it? 무엇이 그로 하여금 그것을 믿게 했습니까?

2. 의문형용사

- **Whose** idea was it to go there? 거기에 가자는 아이디어는 누구의 것이었나요?
- **What** color do you prefer? 어떤 색깔을 선호하나요?

3. 의문부사

시간을 묻는 when, 장소를 묻는 where, 이유를 묻는 why, 방법을 묻는 how로 표현한다.

- **When** is she going to leave? 그녀는 언제 떠납니까?
- **Where** shall I go? 어디로 갈까요?
- **Why** do you study Chinese so hard? 당신은 왜 중국어를 그렇게 열심히 공부합니까?
- **How** can you live without a pet? 반려동물 없이 어떻게 살 수 있겠습니까?

의문대명사, 의문형용사, 의문부사

071 직접의문문과 간접의문문

	직접의문문	간접의문문
의문사가 보어인 경우	**Who** is that man?	I don't know **who that man is**.
의문사가 목적어인 경우	**What** does she want?	I don't know **what she wants**.
의문사가 주어인 경우	**Who** will come first?	Ask him **who will come first**.
의문형용사 + 명사 목적어인 경우	**Which** color do you like better?	Tell me **which color you like better**.

읽기를 위한 문법 Point

간접의문문은 문장에서 의문문이 '의문사 + 주어 + 동사'의 어순으로 쓰이며, 이는 하나의 ___ 처럼 해석한다.

1. 의문문의 종류

(1) 직접의문문 : '의문사 + 동사 + 주어 ~?' 형태가 직접의문문이다.

(2) 간접의문문 : 의문사가 이끄는 절이 다른 문장에 포함되어 종속절이 되면, 그 의문문은 '의문사 + 주어 + 동사'의 형태로 되어 명사절이나 명사구가 된다.

2. 의문사절의 역할

(1) 주어 역할

- **Why you said it** is a question to me.
  왜 그것을 말했는지가 나에게 문제가 된다.

(2) 보어 역할

- The question is **who killed the cat**.
  문제는 누가 그 고양이를 죽였느냐이다.

(3) 목적어 역할

- Tell me **why you said it**.
  왜 그것을 말했는지 말해다오. (수여동사 Tell의 직접목적어 역할)

- There is no doubt as to **who stole the ring**.
  그 반지를 누가 훔쳐갔는지에 대해 의심할 바 없다. (전치사 as to의 목적어 역할)

답 요소

072 부가의문문

의문문의 종류	의문문	앞 절이 부정일때, 긍정 부가의문문	앞 절이 긍정일때, 부정 부가의문문
be동사	Be동사 +주어	be동사 + 주어?	be동사 + not + 주어?
조동사	조동사 + 주어 +동사원형	조동사 + 주어?	조동사 + not + 주어?
일반동사	Do/Does/Did + 주어 + 동사원형	do/does/did + 주어?	do/does/did + not+ 주어?
완료형태	Have/Has/Had + 주어 + p.p.	Have/Has/Had + 주어?	Have/Has/Had + not + 주어?

읽기를 위한 문법 Point

부가 의문문은 평서문 뒤에 쓰여 상대방의 ___나 ___을 묻는 표현이다.

1. 부가의문문의 쓰임

주로 회화에서 쓰이며, 앞 문장(주절)이 긍정이면 부정의 부가의문문을 사용하고, 앞 문장(주절)이 부정이면 긍정의 부가의문문을 사용. 부가의문문의 주어는 항상 대명사를 쓰며, 동사와 not은 축약형을 사용한다. 앞 문장(주절) be동사가 있을 땐 be동사, 조동사가 있을 땐 조동사, 일반동사일 때는 do를 사용한다.

- He is reading a book, **isn't he**?
  그는 책을 읽고 있다, 그렇지 않니?
- She can't sing, **can she**?
  그녀는 노래를 못한다, 그렇지?
- Luke has a house, **doesn't he**?
  Luke은 집을 갖고 있다, 그렇지 않니?
- Luke has had a house, **hasn't he**?
  Luke는 지금까지 집을 가지고 있었지, 그렇지?
  ✏ 현재완료의 부가의문문은 has[have]의 조동사를 이용한다.
- You ate my cake, **didn't you**?
  당신이 내 케이크를 먹었죠, 그렇지 않니?
- Have a cup of coffee, **won't you**?
  커피를 한 잔 마셔보세요, 네?
  ✏ 긍정 명령문의 부가 의문문은 will you?이며, 부정 명령문은 will you?와 won't you?둘 다 사용할 수 있다.

2. 주의해야 할 부가의문문

앞 절(주절)에 no, nothing, seldom, hardly, scarcely 등이 있을 경우는, 이들 자체가 부정의 뜻이 포함되어 있으므로 부가의문문은 긍정으로 쓴다.

- He seldom goes there, **does he**?
  그는 거의 그곳에 가지 않는다, 그렇지?

📖 동의, 확인

073 소유대명사

General	Specific							
종류	1인칭		2인칭		3인칭			
	단수	복수	단수	복수	남성	여성	중성	복수
인칭대명사 주격	I	we	you	you	he	she	it	they
목적격	me	us	you	you	him	her	it	them
소유격	my	our	your	your	his	her	its	their
소유대명사	mine	ours	yours	yours	his	hers	·	theirs

> **읽기를 위한 문법 Point**
>
> 소유대명사는 mine, ours, yours 등은 '_____'를 대신한 표현이므로 해석에 주의해야 한다.

1. 소유대명사 용법

(1) 소유격 + 명사
- This book is **mine**. (= my book)
  그 책은 나의 것이다.

(2) 비교 구문을 비롯한 비교 표현 시, 비교 대상 사이에 중복되는 명사가 있으면 소유대명사를 활용한다.

① A as 원급 as B
- Your hand is as big as **mine**. (= my hand)
  당신의 손은 나의 손만큼 크다.

② A 비교급 than B
- My eyes are bigger than **yours**. (= your eyes)
  내 눈은 당신 눈보다 더 크다.

③ A be different from B
- Her opinion is different from **theirs**. (= their opinion)
  그녀의 의견은 그들의 의견과 다르다.

④ compare A with B
- Don't compare his condition with **mine**. (= my condition)
  그의 상황을 나의 상황과 비교하지 말아라.

🔲 소유격 + 명사

CHAPTER 10
Exercise

🕐 주어진 문장에서 밑줄 친 대명사가 지칭하는 대상을 찾아 밑줄 치시오.

01 The book is on the table. I will read it later.

02 The boy found his toys. He played with them.

03 Lisa found her keys. She had left them in the car.

04 The women attended the meeting. They shared their ideas.

05 The teacher gave the students their homework. They started it.

빠른 정답 Check ✓

01 The book
02 The boy
03 her keys
04 The women
05 their homework

CHAPTER 10
Exercise 정답 및 해설

01
해설 주어진 문장의 'read'로 보아 'it'이 가리키는 대상은 '읽을 수 있는 것'임을 알 수 있다. 더불어 'it'은 단수형 사물을 지칭하므로 'The book'을 지칭함을 알 수 있다.

구문분석 The book / is (on the table). I / will read / it (later).
　　　　　　　S　　　　V　　　　　　　　S　　　V　　　O

직독직해 그 책은 / 있다 (테이블 위에). 나는 / 읽을 것이다 / 그것을 (나중에).

해석 그 책은 테이블 위에 있다. 나는 그것을 나중에 읽을 것이다.

02
해설 주어진 문장의 'played'로 보아 'He'가 가리키는 대상은 '놀 수 있는 사람'임을 알 수 있다. 더불어 'He'는 단수형 남성을 지칭하므로 'The boy'를 지칭함을 알 수 있다.

구문분석 The boy / found / his toys. He / played (with them).
　　　　　　　S　　　　V　　　O　　　S　　　V

직독직해 그 소년은 / 찾았다 / 그의 장난감을. 그는 / 놀았다 (그것들과).

해석 그 소년은 그의 장난감을 찾았다. 그는 그것들과 놀았다.

03
해설 주어진 문장의 'left'로 보아 'them'이 가리키는 대상은 '두고 갈 수 있는 것'임을 알 수 있다. 더불어 'them'은 복수형 사물을 지칭하므로 앞 문장에서 언급된 'her keys'를 지칭함을 알 수 있다.

구문분석 Lisa / found / her keys. She / had left / them (in the car).
　　　　　　S　　　V　　　O　　　　S　　　V　　　　O

직독직해 Lisa는 / 찾았다 / 그녀의 열쇠를. 그녀는 / 두고 왔다 / 그것들을 (차 안에).

해석 Lisa는 그녀의 열쇠를 찾았다. 그녀는 그것들을 차 안에 두고 왔다.

04
해설 주어진 문장의 'shared'로 보아 'They'가 가리키는 대상은 '아이디어를 공유할 수 있는 사람들'임을 알 수 있다. 더불어 'They'는 복수형 사람들을 지칭하므로 앞 문장에서 언급된 'The women'을 지칭함을 알 수 있다. women은 woman의 복수형이다.

구문분석 The women / attended / the meeting. They / shared / their ideas.
　　　　　　　S　　　　　V　　　　　O　　　　　S　　　V　　　O

직독직해 그 여자들은 / 참석했다 / 그 회의를. 그들은 / 공유했다 / 그들의 아이디어를.

해석 그 여자들은 회의에 참석했다. 그들은 그들의 아이디어를 공유했다.

05
해설 주어진 문장의 'started'로 보아 'it'이 가리키는 대상은 '시작할 수 있는 것'임을 알 수 있다. 더불어 'it'은 단수형 사물을 지칭하므로 앞 문장에서 언급된 'their homework'를 지칭함을 알 수 있다.

구문분석 The teacher / gave / the students / their homework.
　　　　　　　S　　　　V　　　I.O　　　　　D.O

They / started / it.
S　　　V　　　O

직독직해 선생님은 / 주었다 / 그 학생들에게 / 그들의 숙제를. 그들은 / 시작했다 / 그것을.

해석 선생님은 학생들에게 숙제를 주었다. 그들은 그것을 시작했다.

CHAPTER 11 형용사와 부사

형용사는 부사와 함께 수식을 책임지고 있다. 하지만, 형용사와 부사는 다른 길을 갈 수밖에 없는데, 이유는 형용사는 문장의 주요소로 인정을 받고, 부사는 그렇지 않다는 것이다. 먼저 형용사의 여러 가지 쓰임새와 출제 포인트를 먼저 알아보도록 하자.
부사는 형용사처럼 다양한 역할을 하고 있다. 단, 차이가 있다면 그 대상에 있어서의 차이라고 하겠다. 형용사가 명사 수식에 특화되어 있다면, 부사는 명사를 제외한 나머지 품사 전부를 꾸민다. 하지만, 형용사가 문장의 주요소로서 편입되어지는 것과 다르게 부사는 문장의 주요 요소가 될 수 없으니, 유의하자!

074 형용사의 역할

075 한정적 용법 vs. 서술적 용법 전용 형용사

076 위치에 따라서 의미가 달라지는 형용사

077 the + 형용사 의미

078 수량 형용사의 의미

079 a few vs. a little 의 의미

080 수식 대상에 따라 주의해야 할 명사

081 주의해야 할 형태의 형용사

082 부사의 역할

083 주의해야 할 부사의 형태와 의미

074 형용사의 역할

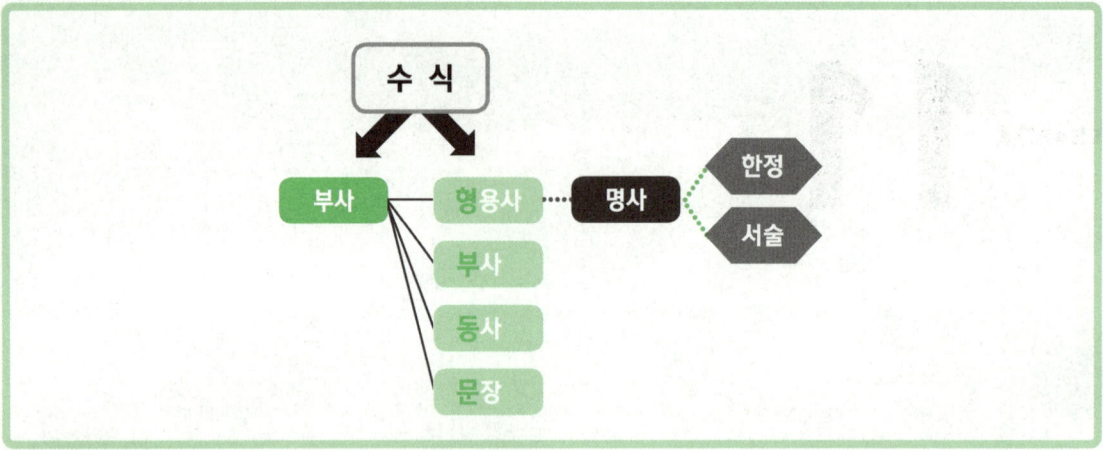

읽기를 위한 문법 Point

형용사는 ___를 수식하는 역할로 문장내에서 해석해야 한다.

1. 한정적 용법

한정적 용법은 명사를 앞 또는 뒤에서 수식하여 그 의미를 '한정'하는 용법을 말한다.

- There is a **red** apple.
  빨간 사과 하나가 있다.

- There is something **interesting**.
  뭔가 흥미로운 것이 있다. (something, anything을 비롯한 -thing류 명사는 형용사 후치 수식임에 주의하여야 한다.)

2. 서술적 용법

서술적 용법은 문장에서 주격 보어, 또는 목적격 보어로 사용되는 경우를 말한다.

- She was **asleep** all the night. (she = awake)
  그녀는 밤새 잠들어 있었다.
  ✎ 주격보어로 사용되었다.

- I found the box **empty**. (the box = empty)
  나는 상자가 빈 것을 알게 되었다.
  ✎ 목적격 보어로 사용되었다.

답 명사

075 한정적 용법 vs. 서술적 용법 전용 형용사

It is a live fish.
You are like your mother.
There is a lonely beach.

The fish ia alive.
You and your mom are alike.
I am alone in my house.

읽기를 위한 문법 Point

서술적 용법의 형용사는 a~ 형태로 보어의 자리에 쓰여 명사를 ____ 하므로 해석에 유의해야 한다.

1. 한정용법으로만 쓰이는 형용사

한정적 용법으로 사용되는 형용사는 명사를 '한정형용사+명사'의 형태로 전치 수식하며, 문법상 생략해도 문장 구조에 영향을 주지 않는다.

sheer	순전한	leaden	납 성분의	spare	여분의	inner(outer)	안의(외부의)
utter	완전한	golden	황금의	very	참된	mere	단순한
former	앞의	only	유일한	woolen	양모의	major	주요한
golden	황금의	upper	상위의	drunken	취한	lone	고독한

the former president	전직 대통령	the upper side	상부
an inner court	안뜰	the outer space	외계

2. 서술용법으로만 사용되는 형용사

✏ 'a~'로 시작되는 형용사의 특징이 있으며, 주격 보어 또는 목적격 보어로 사용되며, be동사와 결합해서 관용표현의 형태로 쓰이는 경우는 반드시 의미를 암기하자.

afraid	두려운	alike	같은	alive	살아있는	alone	혼자인
ashamed	부끄러운	asleep	잠든	awake	깨어있는	aware	알고 있는

📖 수식

076 위치에 따라서 의미가 달라지는 형용사

형용사	한정적 용법 의미	서술적 용법 의미
certain	일정한	확실한
late	작고한	늦은
present	현재의	출석한
absent	멍한	결석한
concerned	관련되는	걱정하는
ill	나쁜	아픈

읽기를 위한 문법 Point

The present situation is quite challenging. (현재의 / 출석한) 상황은 상당히 도전적이다.

1. 한정적 용법으로 사용되는 형용사

- What is your **present** concern?
  현재의 걱정거리는 무엇입니까?

- He arrived at a **certain** place.
  그는 어떤 장소에 도착했습니다.

- The **late** professor was a pioneer in his field.
  그 작고한 교수님은 그의 분야에서 선구자였습니다.

2. 서술적 용법으로 사용되는 형용사

- All the staff were **present**.
  모든 직원들은 출석했습니다.

- I'm **certain** that my mother saw me.
  나는 어머니가 나를 보았다고 확신합니다.

- I was **late** for the seminar.
  나는 세미나에 늦었습니다.

답 현재의

077 the + 의미

1) the+형용사=복수 보통명사
2) the+형용사=단수 보통명사/복수보통명사
3) the+형용사=추상명사(단수취급)

읽기를 위한 문법 Point

the + 형용사는 일반적으로 '_____'이라는 의미로 해석된다.

1. the+형용사=복수 보통명사

the rich(부자들), the poor(가난한 사람들), the dead(죽은 사람들), the dying(죽어가는 사람들)

- There is a growing gap between **the rich and the poor**.
  부자와 가난한 사람들 사이의 격차가 커지고 있다.

2. the+형용사=단수 보통명사/복수보통명사

- the accused : 피고인 / 피고인들
- the deceased : 고인(故人) / 고인들
- the pursued : 쫓기는 자 / 쫓기는 자들

- **The pursued** managed to evade the hunters by hiding in the dense forest.
  추격받던 사람(들)은 울창한 숲에 숨어 사냥꾼들을 피할 수 있었다.

3. the+형용사=추상명사(단수취급)

'the + 형용사/분사' 단수 취급한다.

the good 선	the humorous 익살스러움	the true 진실	the beautiful 미

- In her quest for knowledge, she was always searching for **the true**.
  그녀는 지식을 추구하는 과정에서 항상 진실을 찾고 있었다.

답 ~하는 사람들

078 수량 형용사의 의미

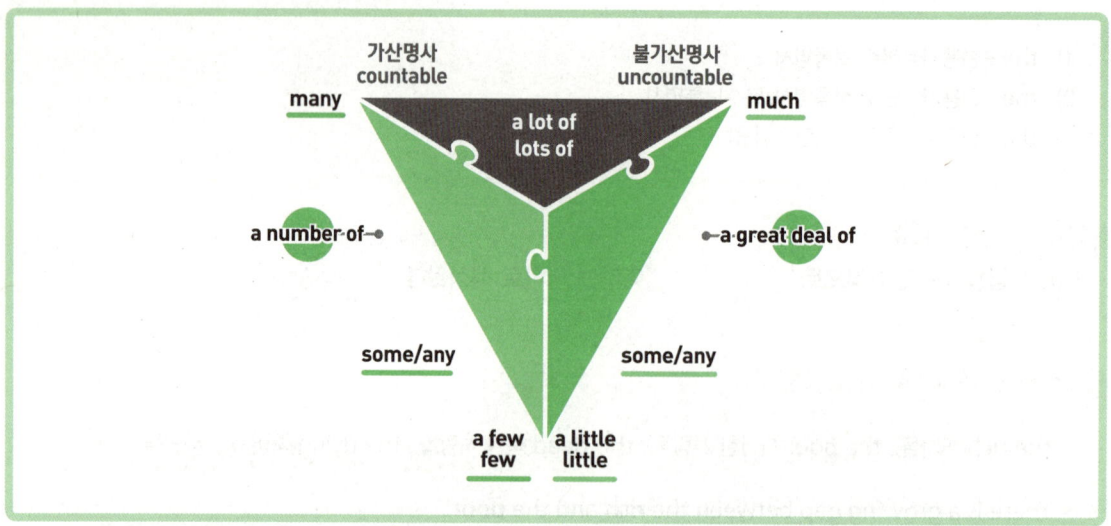

읽기를 위한 문법 Point

가산명사는 수형용사로, 불가산 명사는 양형용사로 수식하나 의미는 동일하게 ＿＿ 의 의미로 해석한다.

1. 수형용사+ 가산명사 vs. 양형용사+불가산명사

구분	수(countable)	양(uncountable)
많은	many	much
	a good many, a great many	a good deal of, a great deal of
	a great number of, a large number of, a multitude of	a great[large] quantity of
	not a few, quite a few	not a little, quite a little
	a lot of, lots of, (a) plenty of	
약간의	a few	a little
거의 없는	few	little

- There is **much** food.
  많은 음식이 있다.
- There are **many** apples.
  많은 사과가 있다.
- **Many a student has** repeated the same mistake.
  ✎ 'many a 단순명사'는 단수취급함에 유의해야 한다.
  ⋯▸ **Many students have** repeated the same mistake.
  많은 학생들이 같은 실수를 반복했다.

🔑 '많은'

164 Visual Grammar

079 a few vs. a little 의 의미

구분	가산 명사 – 수 (countable)	불가산 명사 – 양 (uncountable)
거의 없는	few	little
약간의	a few	a little
많은	not a few	not a little

> **읽기를 위한 문법 Point**
>
> a few는 가산 명사에 '약간'이라는 긍정의 의미로 쓰이며, few는 가산 명사에 '_____'이라는 부정의 의미로 해석한다.

1. few/a few(수) vs. little/a little(양)

가산 명사를 수식하는 'few'는 '거의 없는, 별로 없는'의 의미로 부정을 나타내고 'a few'는 '조금 있는, 약간 있는'이라는 의미로 긍정을 나타낸다. 불가산 명사를 수식하는 'little'은 '거의 없는, 별로 없는'의 의미로 부정적인 의미를 가진 반면, 'a little'은 '조금 있는, 약간 있는'이라는 의미를 긍정을 나타낸다.

- He has **a few** tomatoes. 그는 토마토가 약간 있다.
- He has **few** tomatoes. 그는 토마토가 거의 없다.
- He has **a little** money. 그는 약간의 돈이 있다.
- He has **little** money. 그는 돈이 거의 없다.

2. not a few(상당히 많은 : 수) vs. not a little(꽤 많은 : 양)

'not a few'는 '상당히 많은 수'를 의미하며, 'not a little'은 '꽤 많은 양'을 나타낸다.

> not a few (많은 (수))
> → quite a few
> → no few
> → a good many
>
> not a little (많은 (양))
> → quite a little
> → no little
> → a good deal of

- **Not a few** people have already known the accident.
  상당히 많은 사람들이 그 사고를 이미 알고 있다.
- The boy has **quite a little** experience in swimming.
  그 소년은 꽤 많은 수영 경험을 가지고 있다.

답 거의 없는

080 수식 대상에 따라 주의해야 할 형용사

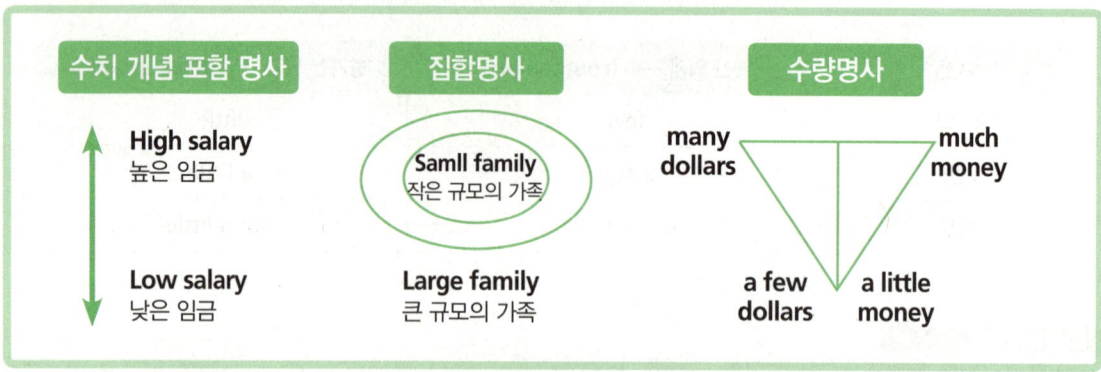

> **읽기를 위한 문법 Point**
>
> price를 꾸며주는 표현은 much price가 아니라, ____ price가 옳다.

1. 수치 개념 포함 명사

이미 수치 개념이 내포된 명사들은 many / much 대신 high / low를 수식어 또는 보어로서 취한다.

> price, salary, rate, speed, cost, demand, supply, level, standard, income, temperature, pressure, age

- The price is **high**. 그 가격은 비싸다.
- Her salary is **low**. 그녀의 월급은 적다.

do's & don'ts

Price is expensive.　vs　It is expensive.

 Don'ts
- Price is ~~expensive~~.

 Do's
- It is expensive.
  그것은 비싸요.

우리말로 '가격이 비싸요'는 자연스러운 문맥이다. 하지만 영어에서는 틀린 표현이다. 이는 **expensive**와 **cheap**의 의미가 이미 '가격'의 개념이 포함되어 있기 때문에 주어로 'price'를 쓰는 것은 동일어를 중복하는 이중부언(**redundancy**)라고 보기 때문이다.

2. 집합명사/수량명사

집합적 의미의 명사와 막연한 수량의 명사를 나타내는 단위명사는 many / much 대신 **large / small**을 이용하여 수량을 나타낸다.

집합명사	수량명사
family, population, audience, audience	number, amount, quantity, sum, scale, change, expense

답 high

081 주의해야 할 형태의 형용사

- likely : ~할 것 같은.
- friendly : 상냥한, 우호적인, 친절한.
- timely : 시기 적절한.
- daily : 매일의, 나날의, (부사) 매일, 날마다.
- orderly : 정돈된, 규칙적인, 규율 있는.
- monthly : 매달의, 월 1회의 (부사) 매달, 달마다
- lovely : 사랑스러운, 아름다운.
- motherly : 어머니의, 모친의.
- cowardly : 겁 많은, 비겁한.
- bodily : 몸의, 신체의.

읽기를 위한 문법 Point

보통 '~ly'로 끝나는 경우, 부사로 쓰이는 경우가 많은데 '명사 +ly'는 _____ 의 역할을 하므로 해석에 주의해야 한다.

1. 명사 + ly 형용사 형태

- Jenny had **costly** jewels. Jenny는 값비싼 보석들을 지녔다.
- Jenny was given **friendly** advice. Jenny는 우호적인 조언을 받았다.
- Jenny came back to **daily** life again. Jenny는 다시 일상으로 돌아왔다.

2. 혼동하기 쉬운 형용사

- considerable 많은, 상당한
- industrious 근면한
- successive 잇따른, 연속적인
- respectable 존경할 만한
- considerate 사려 깊은
- industrial 산업의, 공업의
- successful 성공한
- respective 각각의

- She donated a **considerable** amount of money. 그녀는 상당한 액수의 돈을 기부했다.
- He is always **considerate** of others. 그는 항상 다른 사람들을 배려한다.
- She is an **industrious** student. 그녀는 근면한 학생이다.
- The city grew rapidly during the **industrial** revolution. 그 도시는 산업 혁명 동안 급속히 성장했다.
- The team won five **successive** games. 그 팀은 연속으로 다섯 경기를 이겼다.
- He is a **successful** businessman. 그는 성공한 사업가다.
- She comes from a **respectable** family. 그녀는 존경받을 만한 가문 출신이다.
- They returned to their **respective** homes. 그들은 각자의 집으로 돌아갔다.

답 형용사

082 부사의 역할

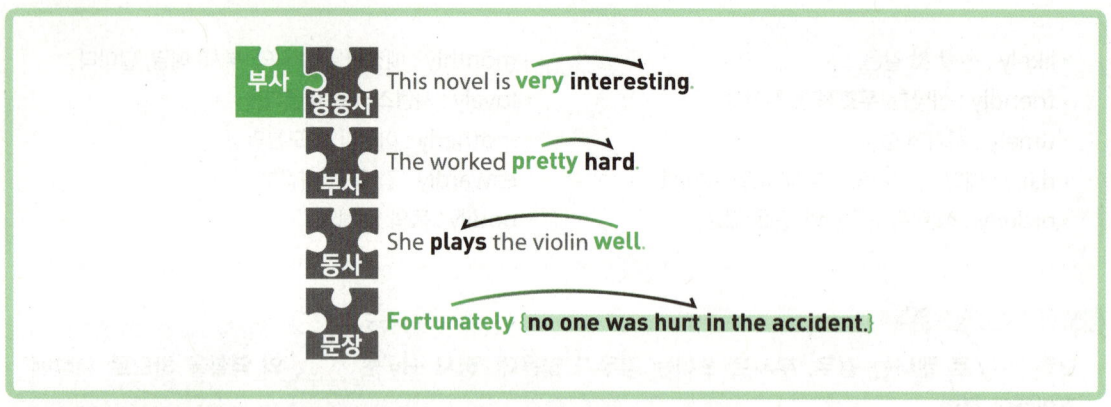

읽기를 위한 문법 Point

부사는 ____, ___, ___, _____ 를 수식해서 해석한다.

동사, 형용사 및 다른 부사 등을 꾸며주는 말로, 형용사 및 다른 부사가 좀 더 자세한 의미를 갖도록 도와주는 역할을 한다. 언제(때), 어디서(장소), 어떻게(방법), 왜(이유), 얼마나(정도), 얼마나 자주(빈도) 등을 나타낸다.

1. 형용사를 수식

- This box is **too** small. 이 상자는 너무 작다.
- He was **extremely** upset. 그는 엄청나게 화났다.

2. 부사·부사구·부사절을 수식

- We enjoyed the musical **very** much. 우리는 뮤지컬을 굉장히 즐겼다.
- She speaks French **quite** well. 그녀는 불어를 꽤 잘한다.
- A customer came **just** at five. 손님이 딱 5시에 왔다.
- He arrived **long** before the time. 그는 제 시간보다 훨씬 전에 도착했다.
- He came here **simply** because he was interested in it. 그는 단순하게도 그것에 흥미가 있어서 여기에 왔다.

3. 동사를 수식

- She spoke French **well**. 그녀는 불어를 잘했다.
- He was sleeping **peacefully**. 그는 평온하게 자고 있었다.

4. 문장 전체를 수식

- **Perhaps** he will lose weight. 아마도 그는 살을 뺄 것이다.
- **Unfortunately** she lost. 불행히도 그녀는 졌다.
- **Happily** my cat came back. 다행히도, 나의 고양이는 돌아왔다.

형용사, 부사, 동사, 문장전체

083 주의해야 할 부사의 형태와 의미

	형용사	부사
① 「형용사 + -ly」가 부사가 되는 유형	ⓐ instant 즉석의	ⓐ + ly instantly 즉각
② 형용사와 부사의 형태가 같은 유형	ⓐ nationwide 전국적인	ⓐ nationwide 전국적으로
③ 부사가 두 가지 형태가 존재하는 유형	ⓐ real 진짜의	ⓐ = ⓐly real =really 정말로=정말로
④ 「형용사 + -ly」가 전혀 의미가 다른 유형	ⓐ hard 단단한 부지런한	ⓐ ≠ ⓐly hard ≠ hardly 열심히 ≠ 거의 …않다 단단히

> **읽기를 위한 문법 Point**
> hardly는 hard의 부사형태가 아닌 _____의 의미이므로 해석에 주의해야 한다.

1. 「형용사 + -ly」가 부사가 되는 유형

- happy / happily 행복한 / 행복하게
- immediate / immediately 즉각적인 / 즉시

- They need an **immediate** answer. 그들은 즉각적인 대답을 필요로 한다.
- We **immediately** started to study them on that very day.
  우리는 즉시 그것들에 대한 연구를 바로 그날 시작했다.

2. 형용사와 부사의 형태가 같은 유형

- fast / fast 빠른 / 빠르게
- long / long 긴 / 길게
- lonely / lonely 외로운 / 외롭게
- far / far 먼 / 멀리에

- Jane is a **fast** runner. Jane은 빠른 주자이다.
- Jane runs **fast**. Jane은 빨리 달린다.

3. 부사가 두 가지 형태로 존재하는 유형

- cheap / cheaply 값싸게
- low / lowly 낮게
- loud / loudly 큰소리로
- first / firstly 첫 번째로
- easy / easily 쉽게
- last / lastly 마지막으로
- quick / quickly 빨리
- sure / surely 확실히
- slow / slowly 느리게
- real / really 정말로
- wrong / wrongly 틀리게

- Jane ran as **quick** as she could. Jane은 최대한 빨리 뛰었다.
  → Jane ran as **quickly** as she could.

4. 「형용사 + -ly」로 전혀 다른 의미가 갖는 유형

단어	형용사 의미	부사 의미	단어	부사 의미
high	높은	높게, 높이	highly	크게, 대단히
near	가까운	가까이	nearly	거의
late	늦은	늦게	lately	최근에
hard	열심히 하는	열심히	hardly	거의...않다
pretty	이쁜	매우	prettily	예쁘게
short	짧은	짧게	shortly	곧/즉시
free	무료의	무료로	freely	자유롭게

- Mark is always a **hard** worker. Mark는 항상 열심히 하는 일꾼이다.
  ✎ 형용사로 'worker'를 꾸미고 있다.
- Mark always works **hard**. Mark는 항상 열심히 일한다.
  ✎ 부사로 'work'를 꾸미고 있다.
- Mark **hardly** works hard. Mark는 거의 열심히 일하지 않는다.
  ✎ 부사로 'work'를 꾸미고 있다.

- Mt. Everest is very **high**. (높은) 에베레스트 산은 매우 높다.
- She raised her hand **high**. (높이) 그녀는 자신의 손을 높이 들었다.
- She is **highly** motivated to improve her grades. (매우)
  그녀는 그녀의 성적을 향상시키려는 동기부여를 매우 받았다.

- Jenny was **late** for school. (늦은) Jenny는 학교에 늦었다.
- Jenny came home **late**. (늦게) Jenny는 집에 늦게 왔다.
- We haven't seen Jake **lately**. (최근에) 우리는 최근에 Jake를 보지 못했다.

- Jenny is very **pretty**. (예쁜) Jenny는 굉장히 예쁘다.
- Jenny sings **pretty** well. (매우) Jenny는 노래를 매우 잘한다.
- Jenny sings **prettily**. (예쁘게) Jenny는 노래를 예쁘게 한다.

답 거의 ...않은

M・E・M・O

CHAPTER 11
Exercise

> 밑줄 친 부분의 품사와 역할을 서술하세요.

01 She is <u>active</u>.
정답:

02 He bought a <u>huge</u> house.
정답:

03 <u>Namely</u>, I was tired all day.
정답:

04 She met her <u>yesterday</u>.
정답:

05 She wants to go <u>home</u>.
정답:

빠른 정답 Check ✓

01 형용사 / 서술적 용법
02 형용사 / 한정적 용법
03 부사 / 문장 전체 수식
04 부사 / 동사 수식
05 부사 / 동사 수식

CHAPTER 11
Exercise 정답 및 해설

01
해설 주격 보어 자리에 위치하므로 '형용사'이며 '서술적 용법'에 해당된다.
구문분석 She / is / active.
            S   V   S.C
직독직해 그녀는 / 한 상태이다 / 활동적인
해석 그녀는 활동적이다.

02
해설 명사 house를 수식하므로 '형용사'이며 '한정적 용법'에 해당된다.
구문분석 He / bought / a huge house.
         S   V   O
직독직해 그는 / 구매했다 / 커다란 집을
해석 그는 커다란 집을 구매했다.

03
해설 문장 I was tired all day를 수식하므로 '부사'이며 '문장 전체 수식'에 역할을 한다.
구문분석 (Namely), I / was tired (all day).
                 S   V
직독직해 (즉) 나는 / 피곤했었다 (하루 종일)
해석 즉, 나는 하루 종일 피곤했었다.

04
해설 동사 met(meet의 과거형)를 수식하므로 '부사'이며 '동사 수식'에 역할을 한다. 또한 yesterday는 시간 부사에 해당된다.
구문분석 She / met / her (yesterday).
        S   V   O
직독직해 그녀는 / 만났었다 / 그녀를 (어제에)
해석 그녀는 그녀를 어제 만났었다.

05
해설 동사 go를 수식하므로 '부사'이며 '동사 수식'에 역할을 한다. 또한 home은 장소 부사에 해당된다.
구문분석 She / wants / to go (home).
        S   V   O
직독직해 그녀는 / 원한다 / 가기를 (집에)
해석 그녀는 집에 가기를 원한다.

CHAPTER 12 비교

앞선 장에서 살펴본 형용사와 부사의 가장 큰 공통점은 '수식'이라는 점입니다. 이러한 면에서 수식의 의미에 있어서 정도 표현을 하는 것이 바로 이번 장의 비교입니다. 우리가 사용하는 형용사와 부사의 모든 표현에 해당하는 다양한 비교 표현에 대해서 알아보자.

084 비교급의 종류

085 비교급 불규칙 변화

086 원급(동등) 비교

087 비교급 비교

088 the + 비교급 ~, the 비교급 ~.

089 비교급 강조

090 최상급 비교

084 비교급의 종류

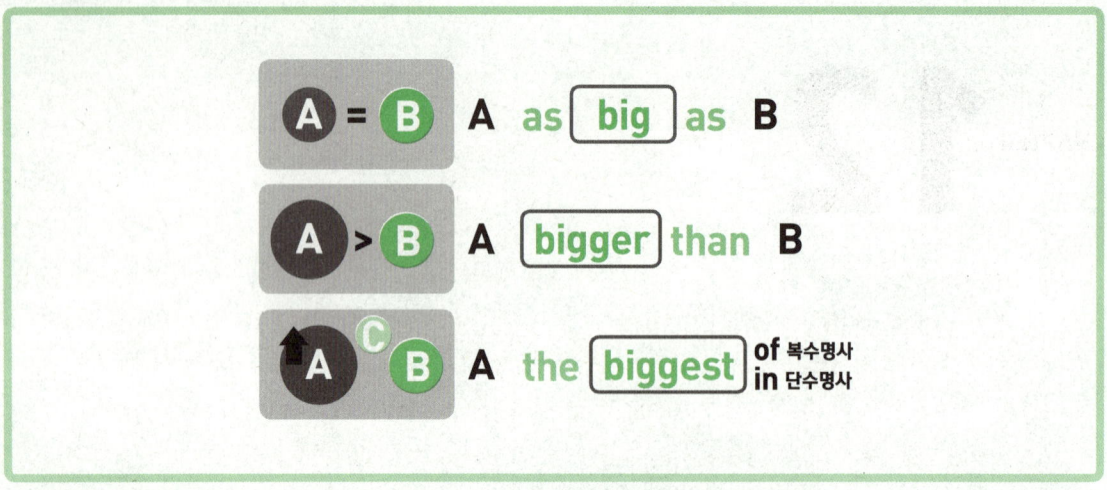

읽기를 위한 문법 Point

비교급의 종류에는 ___ 비교, ___ 비교, ___ 비교로 개체간에 우위를 두어서 해석하는 데 주의하자.

1. 비교급의 종류

비교급은 '더 ~한', '더 ~하게'의 의미이고, 최상급은 '가장 ~한', '가장 ~하게'의 의미이다.

(1) 비교급 격변화(원급 · 비교급 · 최상급)

① 원급에 -er, -est를 붙여서 비교급과 최상급을 만든다.

• small	smaller	smallest
• long	longer	longest
• tall	taller	tallest

② 어미가 -e로 끝나는 것은 -r, -st를 붙인다.

• wise	wiser	wisest
• brave	braver	bravest
• fine	finer	finest

③ '단모음+단자음'의 경우는 마지막 자음을 하나 더 쓰고 -er, -est를 붙인다.

• big	bigger	biggest.
• hot	hotter	hottest
• thin	thinner	thinnest

④ -y로 끝나는 단어는 y를 i로 고치고, -er, -est를 붙인다.

• happy	happier	happiest
• easy	easier	easiest
• early	earlier	earliest

• grey   greyer   greyest

✎ 모음+-y로 끝나는 것은 그냥 -er, -est를 붙인다.

⑤ more, most를 붙이는 경우

3음절 이상의 형용사나 부사 또는 2음절어이지만, '-ful, -able, -less, -ous, -ive, -ing' 등으로 끝나는 단어는 'more'나 'most'를 이용해서 비교급과 최상급을 사용한다. 서술적 용법 형용사도 해당된다.

ⓐ 3음절어

• beautiful	more beautiful	most beautiful
• interesting	more interesting	most interesting

ⓑ 2음절어

• useful	more useful	most useful
• famous	more famous	most famous

⑥ 서술적 용법 형용사

• afraid	more afraid	most afraid
• alone	more alone	most alone
• aware	more aware	most aware
• awake	more awake	most awake
• ~~alive~~	~~more alive~~	~~most alive~~

Top tip ★ "서술적 용법 alive이지만, '절대적' 개념인 만큼 비교급 표현은 불가하다. 더해, absolute, dead, final, favorite, perfect도 비교급 표현이 불가하다. 그러나 현대영어에서 prefer나 favorite의 비교급 형태를 구어체에서 사용하기도 한다."

📑 원급, 비교급, 최상급

Chapter 12 비교 **177**

085 비교급 불규칙 변화

A = B	A as **good** as B
A > B	A **better** than B
A ↑ C B	A the **best** of 복수명사 / in 단수명사

읽기를 위한 문법 Point

better는 형용사 _____과 부사 _____의 비교급이므로 문맥상 해석에 주의해야 한다.

1. good(좋은)　　　　better　　　best
   well(잘, 건강한)　　better　　　best

   - You need a **better** attitude. (형용사 good의 비교급)
     너는 더 나은 태도가 필요해.
   - She sings **better** than anyone else in the choir. (부사 well의 비교급)
     그녀는 합창단에서 누구보다도 노래를 더 잘 부른다

2. bad(나쁜)　　　　worse　　　worst
   ill(나쁜, 나쁘게)　worse　　　worst

   - His performance is **worse** than last time. (형용사 bad의 비교급)
     그의 공연은 지난번보다 더 나쁘다.
   - You look **worse** than you did this morning. (형용사 ill의 비교급)
     너는 아침보다 더 안 좋아 보여.

3. late(늦은, 늦게-시간)　　later(더 늦은, 더 늦게)　　latest(최근의, 가장 늦은)
   late(늦은, 늦게-순서)　　latter(후반의, 후자의)　　last(마지막의, 마지막으로)

   - Have you read the **latter** part of the story?
     그 이야기의 뒷부분을 읽어봤습니까?
   - Have you ever heard the **latest** news about Jason?
     당신은 Jason에 관련된 최근 소식을 들어보았는가?

참 good, well

086 원급(동등) 비교

읽기를 위한 문법 Point

원급 비교는 'as 원급 as'로 표현하며, 비교 개체간의 특성이 ___ 한 의미로 해석한다.

1. 원급비교

'as+원급+as'로 나타내며 반대 의미는 'not so(as)+원급+as'로 표현한다.

- He is **as tall as** Jerry.
  그는 Jerry만큼 키가 크다.
- He is **not so(as) tall as** Jerry.
  그는 Jerry만큼 키가 크지 않다.
- My room is **as large as** his. (his는 his room의 소유대명사로 '그의 것'이라는 의미를 가지고 있음)
  내 방은 그의 방만큼 크다.
- The population of India is much larger than **that** of Korea.
  인도의 인구는 한국의 그것보다 훨씬 더 크다.
- The ears of a rabbit are longer than **those** of a lion.
  토끼의 귀는 사자의 그것보다 더 길다. (비교대상에서의 선행 명사의 반복을 피하기 위해 this/these대신 that/those사용함)

---

do's & don'ts

비교의 대상

- The weather of Korea is warmer than ~~Japan~~
  한국의 날씨는 일본보다 더 따뜻하다.

- The weather of Korea is warmer than that of Japan.
  한국의 날씨는 일본의 그것(날씨)보다 더 따뜻하다.

첫 번째 문장의 우리말 해석은 '한국의 날씨는 일본보다 더 따뜻하다'이다. 이는 자연스러운 듯하나, 실제로는 틀린 예문이다. '한국의 날씨'와 '일본의 날씨'를 비교하는 것처럼 비교대상이 같아야 하니 주의하세요.

동일

087 비교급 비교

읽기를 위한 문법 Point
비교급 비교는 비교 개체간의 ___ 또는 ___ 의 의미로 해석 할 수 있다.

1. 우등 비교

- Jenny is six years **older than** I[me].
  Jenny는 나보다 6살 많다.
- This is much **bigger than** that.
  이것이 저것보다 훨씬 더 크다.

2. 열등 비교

'원급 + –er'이 우등비교라면 반대되는 개념이 열등 비교 'less + 원급'에 해당된다.

원급		우등 비교		열등 비교	
small	작은	smaller	더 작은	less small	덜 작은
long	긴	longer	더 긴	less long	덜 긴
tall	키가 큰	taller	더 큰	less tall	덜 큰
useful	유용한	more useful	더 유용한	less useful	덜 유용한

- Jenny is **more useful than** him.
  Jenny는 그보다는 더 도움이 된다.
  ✏ 우등 비교 문장이다.
  ⋯ Jenny is **less useful than** him.
  Jenny는 그보다는 덜 도움이 된다.
  ✏ 열등 비교 문장이다.

🗒 우등, 열등

088 the + 비교급 ~, the 비교급 ~.

As	주어 + 동사	비교급	주어 + 동사	비교급
The 비교급	주어 + 동사		the 비교급	주어 동사

읽기를 위한 문법 Point

the 비교급, the 비교급 표현은 '__...할수록 점점 __ ~ 하다'의 의미로 해석한다.

1. the + 비교급, the + 비교급

'(한쪽이) 더 ~할수록, (다른 쪽도) 더 ~하다'는 상관 관계를 나타내는 구조이다.

- **The higher** she goes up, **the colder** it becomes.
  그녀가 더 높이 올라갈수록 더 추워졌다.

- **The more** people have, **the more** they desire.
  많이 가지면 가질수록, 더 많이 갈구한다.

- **The more** power she has, **the more** trouble she makes.
  그녀가 힘이 세지면 세질수록 문제를 더 많이 만든다.

The older people grow, **the weaker** they get. (○)
The older people grow, weaker they get. (×)

Top tip ★ 강조된 비교급 앞에는 the를 반드시 써야 한다.

답 더, 더

089 비교급 강조

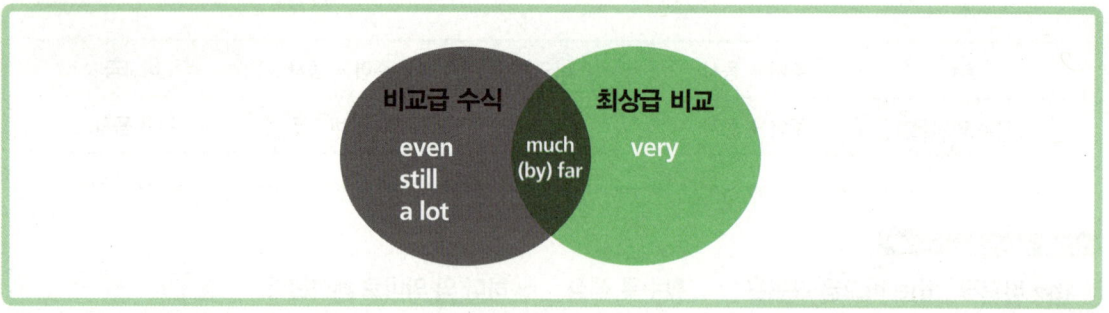

> **읽기를 위한 문법 Point**
>
> 비교급은 _till, _lot, __uch, _ven, (by) _ar으로 강조되며, '훨씬 더욱 ~한'의 의미로 해석한다.

1. 비교급 강조 표현

비교급을 강조할 때는 'much, (by) far, even, still, a lot' 등을 비교급 앞에 쓰게 되는데 '훨씬, 더욱 ~한'의 의미를 갖는다.

- I talked **even** more quickly than usual. 나는 평소보다도 훨씬 더 빠르게 말했다.
- It was **much** worse than I thought. 그것은 내가 생각했던 것보다 훨씬 나빴다.
- She speaks Japanese **far** better than Julia. 그녀는 Julia보다 훨씬 더 일본어를 잘한다.
- Volt runs **a lot** faster than Julia. Volt는 Julia보다 훨씬 더 빨리 달린다.
- These are **still** better. 이것들이 훨씬 더 좋다.

2. 최상급 강조 표현

최상급을 강조할 때는 'much, (by) far, very' 등을 쓴다.
very가 최상급을 수식하는 경우는 「(the) very+최상급」의 어순이 된다.

- Mark is **much** the smartest boy of them. Mark는 그들 중 단연코 가장 똑똑한 아이이다.
- Do your **very** best. 너의 최선을 다해라.
- Skiing is **by far** the most popular winter sports. 스키가 단연코 가장 인기 있는 겨울 스포츠이다.
- Mark is **by far** the strongest player in the team. Mark는 팀에서 가장 최고로 힘이 센 선수이다.

3. 비교급 관용 표현

(긍정문) much[still] more : 하물며 더욱~그렇다
(부정문) much[still] less : 하물며 전혀~아니다

- Every person has a right to enjoy his liberties, **much more** his life.
  모든 사람은 그의 자유와 하물며 인생을 즐길 자유가 있다.
- No one would borrow such a book, **still less** buy it.
  아무도 그런 책을 빌리려 하지 않을 것이며, 하물며 사려고는 더욱 하지 않을 것이다.

s, a, m, e, f

090 최상급 비교

> **읽기를 위한 문법 Point**
> 최상급의 비교대상 중 집단을 나타낼 때는 '_ 단수명사' 비교대상이 개체일 때는 '_ 복수명사'로 그 비교 범위를 구체적으로 나타낼 수 있다.

1. 최상급 표현

- She was **the most** diligent girl of our **classmates**. 그녀는 우리 반 학생들 중에서 가장 근면한 아이였다.
- He is **the tallest** player in the basketball **team**. 그는 농구부에서 최고로 키가 큰 선수이다.

2. 최상급 관용 표현

(1) 최상급 ~ that … have[has] ever p.p. : 지금까지 …한 것 중에 가장 ~한
- He is **the greatest** father **that has ever lived**. 그는 역대 최고의 아버지이다.

(2) the last person[man] to do : 그것을 결코 하지 않을 사람
- He is **the last man to read** a book. 그는 결코 책을 읽을 것 같지 않다.

(3) make the best [=most] of : 가장 잘 이용하다
- Try to **make the best of** your time. 시간을 잘 활용하도록 노력하라.

(4) do one's best : 최선을 다하다
- Do your best. 최선을 다하세요.

3. 원급과 비교급을 이용한 최상급 표현

원급과 비교급을 이용해서 최상급 의미를 나타낼 수 있다.

- He is **the tallest player** in the basketball team.
  그는 농구팀에서 가장 키가 크다
  = No one is **as[so] tall as** he (is) in the basketball team.
  = He is **taller than all the other players** in the basketball team.
  = He is **taller than any other player** in the basketball team.

  ✎ 비교급 이후 비교대상을 표현 할 때 'than any other'이후에는 단수 명사임에 유의해야 한다.

답 in, of

CHAPTER 12
Exercise

주어진 문장을 참고해 적절한 것을 고르시오.

01 Tom is taller than Jane.
→ 더 키가 큰 사람은 (Tom / Jane)이다.

02 Today's weather is as warm as yesterday's.
→ 오늘 날씨는 (어제보다 / 어제만큼) 따뜻하다.

03 The book was not more interesting than the movie.
→ 더 흥미로운 것은 (영화 / 책)이다.

04 This road is as narrow as the one in my hometown.
→ 이 도로는 내 고향에 있는 (도로만큼 / 도로보다) 좁다.

05 His new job is more challenging than his previous one.
→ 더 도전적인 것은 그의 (이전의 / 새로운) 직업이다.

빠른 정답 Check ✓
01 Tom
02 어제만큼
03 영화
04 도로만큼
05 새로운

CHAPTER 12
Exercise 정답 및 해설

01

해설 비교급 구조 「A + be동사 + 비교급 + than + B」는 'A가 B보다 더 ~하다'는 의미이다. 따라서 Tom이 Jane보다 키가 더 크다.

구문분석 Tom / is / taller (than Jane).
　　　　　　 S 　 V 　 S.C

직독직해 Tom은 / ~이다 / 더 키가 큰 (Jane보다)

해석 Tom은 Jane보다 더 키가 크다.

02

해설 원급 비교 구조 「A + be동사 + as 원급 as + B」는 'A가 B만큼 ~하다'는 의미이다. 따라서 오늘 날씨가 어제만큼 따뜻하다는 것을 나타낸다.

구문분석 Today's weather / is (as) warm (as yesterday's).
　　　　　　　　 S 　　　　　 V 　　 S.C

직독직해 날씨는 (오늘) / ~이다 / 따뜻한 (어제만큼)

해석 오늘 날씨는 어제만큼 따뜻하다.

03

해설 비교급 구조 「A + be동사 + not + 비교급 + than + B」는 'A가 B보다 더 ~하지 않다'라는 의미이다. 따라서 그 책이 그 영화보다 더 흥미롭지 않다는 것을 나타내므로 영화가 더 흥미롭다는 것을 알 수 있다.

구문분석 The book / was / not more interesting (than the movie).
　　　　　　　 S 　　 V 　　　　　 S.C

직독직해 그 책은 / ~이다 / 더 흥미롭지 않은 (그 영화보다)

해석 그 책은 그 영화보다 더 흥미롭지 않다.

04

해설 원급 비교 구조 「A + be동사 + as 원급 as + B」는 'A가 B만큼 ~하다'는 의미이다. 따라서 이 도로가 내 고향에 있는 도로만큼 좁다는 것을 나타낸다.

구문분석 This road / is (as) narrow (as the one) (in my hometown).
　　　　　　　 S 　　 V 　　 S.C

직독직해 이 도로는 / ~이다 / 좁은 (도로만큼) (내 고향에 있는)

해석 이 도로는 내 고향에 있는 도로만큼 좁다.

05

해설 비교급 구조 「A + be동사 + 비교급 + than + B」는 'A가 B보다 더 ~하다'는 의미이다. 따라서 그의 새로운 직업이 이전 직업보다 더 도전적이라는 것을 나타낸다.

구문분석 His new job / is / more challenging (than his previous one).
　　　　　　　　 S 　　 V 　　　 S.C

직독직해 그의 새로운 직업은 / 더 도전적이다 (그의 이전 직업보다)

해석 그의 새로운 직업은 그의 이전 직업보다 더 도전적이다.

CHAPTER 13 부정사

부정사는 문장에서 품사가 정해져 있지 않다. 그래서 부정(不定)사인 것이다. 다시 말해서, 문장에서 하는 역할이 대단히 많다는 의미도 될 수 있다.

091 준동사로서 부정사

092 부정사의 명사적 용법

093 부정사의 형용사적 용법

094 부정사의 부사적 용법

095 가주어 it 진주어 to부정사

096 가목적어 it 진목적어 to 부정사

097 부정사의 동사적 성향 – 부정사의 시제와 태

098 목적격 보어로 쓰이는 원형부정사

091 준동사로서 부정사

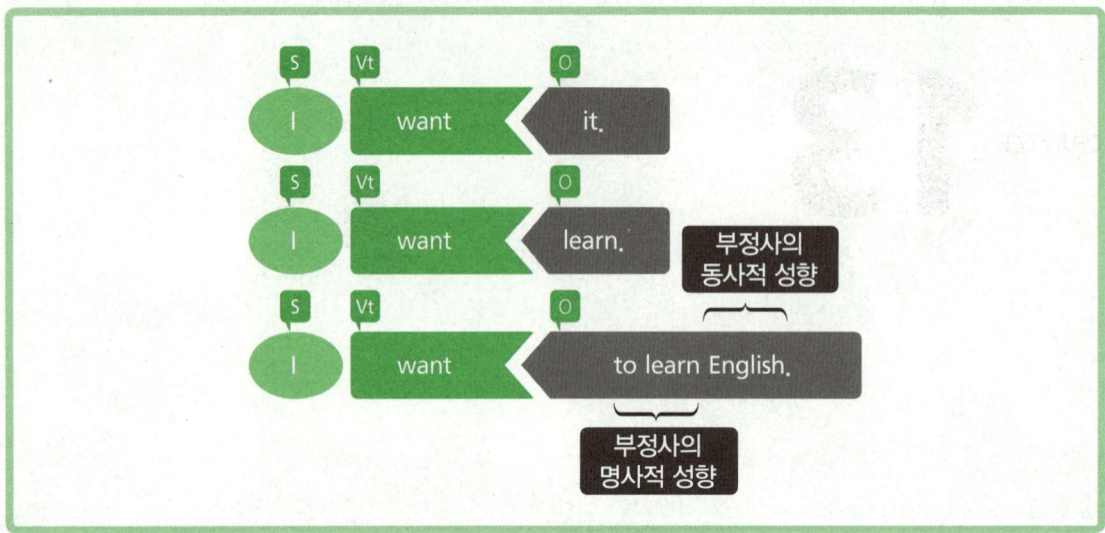

읽기를 위한 문법 Point

준동사는 동사가 서술어가 아닌 다른 ___로서의 해석이 되므로, 이에 주의해야한다.

1. 동사의 확장

모든 문장에는 동사는 원칙적으로 1개이다. 연결사가 추가됨에 따라서 절의 확장은 가능하나, 연결사 없이 동사의 의미를 포함하기 위해서는 준동사라는 개념이 필요하다.

- I want it.
- I want go. (×)
  Top tip ★ 연결사가 없는 경우 한문장에서 동사는 1개여야 한다.
- I want to go.
  Top tip ★ want의 목적어의 자릿값에 동사는 불가능하므로 준동사 중에 하나인 to부정사 올 수 있다.

2. 부정사의 종류

① 원형부정사 : ~~to~~+R : 조동사, 지각동사, 사역동사, 관용구에 사용
  - I make you ~~to~~ go outside.
    나는 너를 밖으로 나가게 만든다.

② to부정사 : to+R : 명사적 용법, 형용사적 용법, 부사적 용법
  - I force you **to go** outside..
    나는 너를 밖으로 나가게 강요한다.

답 요소

092 부정사의 명사적 용법

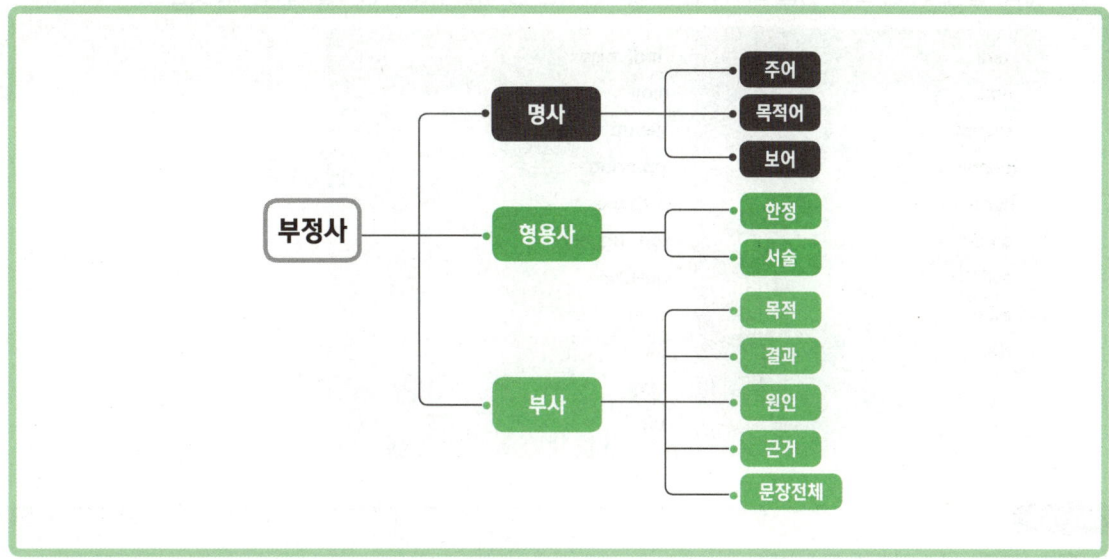

> **읽기를 위한 문법 Point**
> 부정사는 동사가 아닌 ___, ___, ___ 의 역할로 해석 될 수 있다.

1. 주어

- **To learn English** is fun.
  = It is fun **to learn** English. (가주어 it)
  영어를 배우는 것은 재밌다.
  ✎ 부정어 주어는 반드시 단수 취급한다.

- It is hard **to learn** French. (가주어 it/ 진주어 to부정사:명사적 용법)
  = French is hard **to learn**. (to부정사의 목적어가 문장의 주어로; 부사적 용법)
  프랑스어는 배우기에 어렵다.

2. 목적어

- I want **to go** there with you. 나는 너와 함께 거기에 가고 싶다.

(1) 『의문사 + to 부정사』 = 의문사 + S + should[can] + 동사원형

• how to R : 어떻게 ~할지	• whether to R : ~할지 안 할지를
• where to R : 어디로 ~할지	• when to R : 언제 ~할지
• what to R : 무엇을 ~할지	• which to R : 어떤 것을 ~할지

- We don't know **what to do**.(= what we should do.) 우리는 무엇을 해야하는지 모른다.
  ⇢ We don't know **what we should do**.

- I found it easy **to solve it**. 나는 그것을 해결하는 것이 쉽다는 것을 알았다.

(2) to부정사만을 목적어로 취하는 동사

계획, 결정, 기대, 소망 등을 의미하는 미래지향적인 동사들이 to부정사를 목적어로 갖는다.

Want	원하다		Mind, miss	꺼리다, 그리워하다
Hope	희망하다		Enjoy	즐기다
Attempt	시도하다		Give up	포기하다
Theaten	위협하다	start	Appreciate	감사, 감상, 인정하다
Choose	선택하다	like	Postpone	연기하다
Agree	동의하다	love	Stop suggest	멈추다, 제안하다
Need	필요로 하다	begin	Consider	고려하다
Desire	바라다	hate	Avoid	피하다
Offer	제안하다		Risk	위험을 무릅쓰다
			Delay	미루다
			Quit	그만두다

> **Top tip ★**
>
> **동명사만을 목적어로 취하는 동사**
> 동작중단, 동작회피, 과거지향동사는 to부정사가 아닌 동명사 목적어를 갖는다.
> mind, enjoy, give up, appreciate, postpone, stop, consider, avoid, risk, delay, quit

3. 보어

(1) 주격보어

- To see is **to believe**. 보는 것이 믿는 것이다.

(2) 목적격보어

to부정사만을 목적격 보어로 취하는 5형식 불완전 타동사

General	Specific
권고	encourage, convince, cause, persuade, urge, teach
강요	force, compel, get, tell, require, ask, order
허락	permit, allow, enable, forbid
기대	expect
희망	want, invite, need, intend
통보	remind, warn, advise

- I asked him **to open** the jar. 나는 그에게 병을 열어달라고 부탁했다.

명사, 형용사, 부사

093 부정사의 형용사적 용법

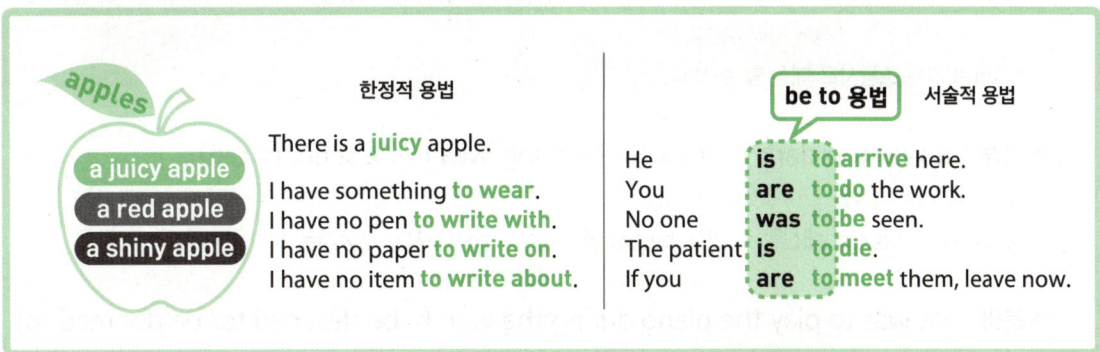

읽기를 위한 문법 Point

The president is to visit France next week.
: 대통령은 다음 주에 프랑스를 방문할 (예정/운명)이다.

1. 한정적 용법

명사 뒤에서 수식하며 형용사와 같은 역할을 하는 부정사를 의미한다.

- I have some books **to sell.**
  나는 팔 책이 조금 있다.

- He has no friend **to hang out with.**
  그는 같이 어울릴 친구들이 없다.

- She wants something **to write with.**
  그녀는 사용할 필기구를 원한다.

- She wants something **to write on.**
  그녀는 작성할 종이를 원한다.

2. 서술적 용법

'be + to 용법'이라 하며 문장에서 예정, 의무, 가능, 운명, 의도를 나타낸다.

- 예정 : ~하려고 하다(will, be going to)+보통 미래부사와 함께 쓰임
- 의무 : ~해야 한다(should), 규칙 또는 법규와 함께 쓰임
- 가능 : ~할 수 있다(can)
- 운명 : ~할 운명이다
- 의도 : ~할 작정이다, 주로 조건절(if)에 쓰임

(1) 예정 : They **are to** arrive here at five.(= be scheduled to/be due to)
그들은 여기에 5시에 도착한다.
✎ 시간의 부사구와 주로 쓰인다.

(2) 의무 : You **are to** obey rules we made.(= must/should)
너희는 우리가 만든 규칙에 따라야한다.
✎ 'must'라는 조동사로 대신 할 수 있다.

(3) 가능 : It was too dark that night. Nothing **was to** be seen. (= can)
그날 밤은 너무 어두웠다. 아무것도 보이지 않았다.
✎ 'can'라는 조동사로 대신할 수 있고, be동사 뒤에 나오는 to부정사가 수동태로 쓰이는 경우가 빈번하다.

(4) 운명 : He **was to** play the piano during the war. (= be destined to/ be doomed to)
그는 전쟁기간에 피아노를 연주할 운명이었다.

(5) 의도 : If you are to succeed, you must be diligent.(= intend to)
당신이 성공하고자 한다면, 당신은 근면해야 한다.
✎ 주로 조건절에서 사용된다.

🗒 예정

094 부정사의 부사적 용법

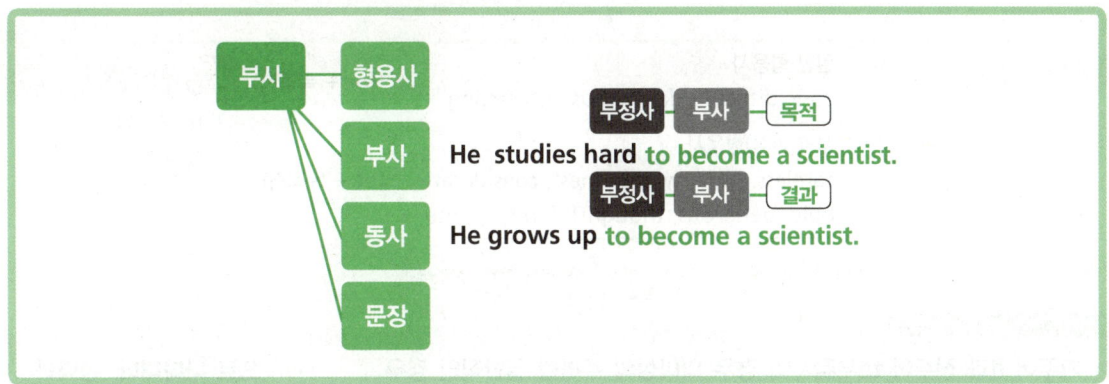

> **읽기를 위한 문법 Point**
> 부정사의 부사적 용법은 문장에서 마치 부사처럼 ＿＿＿, ＿＿, ＿＿, ＿＿＿＿를 수식해서 해석한다.

1. 목적

'～하기 위해서'라는 의미로 문장에서 목적을 나타낸다. 부정은 'not + to 동사원형'으로 나타낸다.

- He worked hard **to pass** the exam.
  그는 시험에 통과하기 위해서 열심히 일했다.
  = He worked hard **so as to** pass the exam.
  = He worked hard **in order to** pass the exam.
  → He worked hard **(so) that** he **might** pass the exam.
  → He worked hard **in order that** he **might** pass the exam.

2. 결과

무의지 동사 'live, grow up, return, awake, wake up' 또는 'only to' 'never to'와 결합하는 부정사는 '결국 ～했다'라는 의미로 부사적 용법의 결과를 나타낸다.

- He grew up **to be** one of the most famous scientists. (자라서 ～되다)
  그는 가장 유명한 과학자들 중 한 명이 되었다.
- He lived **to see** his grandchildren. (～할 때까지 살다)
  그는 살아서 그의 손자를 보게 되었다.
- He worked hard, only **to fail.** (～했지만 결국 …했다)
  그는 열심히 일했지만, 결국 실패했다.
- He left his home, never **to return.** (～했지만 결국 …못했다)
  그는 집을 떠나서, 결코 돌아올 수 없었다.
- He worked so hard as **to pass** the exam.
  → He worked so hard that he could pass the exam.
  그는 열심히 일해서 시험에 통과했다.

형용사, 부사, 동사, 문장전체

095 가주어 it 진주어 to 부정사

It (가주어) + be 동사	일반 형용사 easy, difficult, dangerous, interesting	(for + 목적격)	to 동사원형 (진주어)
	성격(인성)형용사 careless, rude, wise, honest, considerate, bold, generous, thoughtful, pity, polite	(of + 목적격)	

읽기를 위한 문법 Point

가주어 it과 진주어 to부정사의 경우 의미상의 주어를 일반적인 경우 _____ 으로 나타내며, 성격과 관련된 형용사가 제시될 경우 _____ 을 사용하므로 부정사의 주체로서 문장에서 해석해야 한다.

1. 가주어 it be동사 ~ (의미상 주어 for 목적격) + 진주어 to부정사

dangerous / easy / difficult / hard / usual

- It is easy **for me** to learn English. 영어를 배우는 건 나에게 쉬운 일이다.
  → English is easy **for me** to learn.
  → I am easy to learn English. (x)

Top tip ★ "의미상의 주어가 문장의 주어로 될 수 없어요."

2. 가주어 it be동사 ~ (의미상 주어 of 목적격) + 진주어 to부정사

kind / clever / polite / rude / wise / foolish

- It is foolish **of her** to say so. 그렇게 말하는 걸 보니 그녀는 어리석다
  → She is foolish to say so.

Top tip ★ "의미상의 주어가 문장의 주어가 되는 것이 성립됩니다."

🔑 for 목적격, of 목적격

096 가목적어 it 진목적어 to 부정사

주어	동사	가목적어	목적격 보어	의미상 주어	진목적어
주어	make believe consider find think	it	형용사 명사	(for+목적격)	to 동사원형

읽기를 위한 문법 Point

_ake, _elieve, _onsider, _ind, _hink은 가목적어 it을 가지며, 이는 뒤 따라오는 진목적어 to부정사를 문맥상 진짜 목적어로 보고 해석해야 한다.

1. 가목적어 it

> S + V + it + 형용사 / 명사 + (for ~) + to 동사원형 ~
>   가목적어   목적격보어   의미상 주어   진목적어

it이 가목적어로 왔을 시에 진목적어 부분에는 to 부정사가 위치할 수 있다.

- I **found it** difficult **to ride** a horse.
  나는 말을 태우는 것이 어렵다는 것을 발견했다.

- I **found it** difficult **for me to ride** a horse.
  나는 내가 말을 타는 것이 어렵다는 것을 발견했다.

- She **made it** hard **to sleep**.
  그녀는 잠들기 어렵게 만들었다.

- They **think it** important **to study**.
  그들은 공부하는 것이 중요하다고 생각한다.

- We **considered it** useless **to wait**.
  우리는 기다리는 것이 쓸모없다고 여겼다.

- He **believes it** right **to help others**.
  그는 다른 사람을 돕는 것이 옳다고 믿는다.

답 m, b, c, f, t

097 부정사의 동사적 성향 – 부정사의 시제와 태

부정사	능동	수동
본동사 시제 = to 동사원형	to R	to be p.p.
본사동사 시제 〉 to have p.p.	to have p.p.	to have been p.p.

읽기를 위한 문법 Point

부정사의 시제는 주절의 시제와 같으며 _____, 주절의 시제보다 이전이면 _____ 로 표현하며 주절의 시제에 주의해서 해석해야 한다.

1. 부정사의 시제

(1) 단순부정사

- She seems **to be** ill. 그녀는 아픈 것 같다.
  ⋯▸ It seems that she **is** ill.

(2) 완료부정사

① 주절의 시제보다 이전에 일어났던 일이나 상태(한 시제 선행)을 나타낸다.
- She seems **to have been** fat. 그녀는 뚱뚱했던 것으로 보인다.
  ⋯▸ It seems that she **was** fat.

② 소망동사의 과거형 + 완료부정사 / 소망동사 과거완료형 + 단순 부정사

소망동사와 함께 '~했어야 했는데 하지 못했다'의 의미로 이루지 못한 소망을 나타낸다.

> 소망동사: hope, want, wish, intend, promise, expect, desire

- I **hoped to have seen** her at that time. 나는 그때 그녀를 보길 희망했다.
- I **had hoped to see** her at that time. 나는 그때 그녀를 보길 희망했다.

2. 부정사의 태

(1) 능동형 부정사

- We start **to fix** the car. 우리는 그 차를 수리하기 시작했다.

(2) 수동형 부정사

- The car starts **to be fixed** by us. 그 차는 우리에 의해 수리되기 시작했다.

📖 to 동사원형 / to be p.p. / to have p.p. / to have been p.p.

098 목적격 보어로 쓰이는 부정사

주어	지각동사(see/watch/smell/taste/hear/feel/notice)	목적어	동사원형(원형부정사)	~ing		p.p.
	사역 동사(let/make/have)		동사원형(원형부정사)	~ing (have만 가능)		p.p. (let 제외)
	준사역동사(help)		동사원형(원형부정사)		to 동사원형	
	준사역동사(get)			~ing	to 동사원형	p.p.

> **읽기를 위한 문법 Point**
>
> 지각동사, 사역동사, 준사역동사help는 목적어와 목적격보어의 관계가 ____ 의 해석일때 공통적으로 동사원형을 사용할 수 있다.

1. 지각동사

see, watch, notice, hear, feel, listen to, look at, perceive

- I **saw** you study(studying) alone.
  나는 네가 혼자 공부하는 것을(중인 것을) 봤다.
  ⋯ I **saw** you studying alone.
  ✎ 지각동사는 일시적인 지각일 때 현재분사를 사용하기도 한다.

2. 사역동사

make, have, let

- He **made** me write a letter.
  그는 내가 편지를 쓰게 만들었다.

3. 준사역 동사

help, get

- It **helps** her (to) **understand** him better.
  그것이 그녀가 그를 더 이해하도록 돕는다.
  ✎ help는 준사역동사로 목적격 보어로 to부정사 또는 동사원형을 갖는다.

- He gets me **to write [writing]** a letter.
  그는 나로 하여금 편지를 쓰게 시킨다.

답 능동

CHAPTER 13
Exercise

밑줄 친 부정사의 역할을 구분하세요.

01 To drink too much is bad.
정답:

02 My hobby is to sing.
정답:

03 I like to wash the dishes.
정답:

04 My dream is to be a singer.
정답:

05 It is difficult to know oneself.
정답:

빠른 정답 Check ✓
01 주어 역할
02 보어 역할
03 목적어 역할
04 보어 역할
05 주어 역할

CHAPTER 13
Exercise 정답 및 해설

01
해설 동사 is의 주어로 사용되었으므로 to부정사의 명사적 용법 중 '주어 역할'에 해당된다.
구문분석 To drink (too much) / is / bad.
　　　　　　S　　　　　　　　V　　S.C
직독직해 마시는 것 (너무 많이) / 한 상태이다 / 나쁜
해석 너무 많이 마시는 것은 나쁘다.

02
해설 불완전자동사 is 뒤 주격 보어 자리에 사용되었으므로 to부정사의 명사적 용법 중 보어 역할에 해당된다.
구문분석 My hobby / is / to sing.
　　　　　　S　　　　V　　S.C
직독직해 나의 취미는 / 이다 / 노래 부르는 것
해석 나의 취미는 노래 부르는 것이다.

03
해설 완전타동사 like 뒤 목적어 자리에 사용되었으므로 to부정사의 명사적 용법 중 목적어 역할에 해당된다.
구문분석 I / like / to wash / the dishes.
　　　　　　S　V　　　　　　　O
직독직해 나는 / 좋아한다 / 닦는 것을 / 접시를
해석 나는 접시 닦는 것을 좋아한다.

04
해설 불완전자동사 is 뒤 주격 보어 자리에 사용되었으므로 to부정사의 명사적 용법 중 보어 역할에 해당된다.
구문분석 My dream / is / to be / a singer.
　　　　　　S　　　　V　　S.C
직독직해 나의 꿈은 / 이다 / 되는 것 / 가수가
해석 나의 꿈은 가수가 되는 것이다.

05
해설 It은 가주어이고 'to know / oneself'는 진주어에 해당된다. 따라서 밑줄 친 부분은 to부정사의 명사적 용법 중 주어 역할에 해당된다.
구문분석 It / is / difficult / to know / oneself.
　　　　　　S　V　　S.C　　　　S
직독직해 [가주어] / ~이다 / 어려운 / 아는 것은 / 자기 자신을
해석 자기 자신을 아는 것은 어렵다.

CHAPTER 14 동명사

동명사는 동사가 명사화(化)되어진 결과이다. 그래서 준동사의 하나의 하위 분류에 속하면서도 문장에서 명사에 준하는 역할을 해오고 있다. 하지만, 동명사는 명사와는 분명히 다른 기질을 가지고 있다. 이는 동사적 성향에 기인한 것이고 따라서 동명사에 쓰이는 동사에 주의해야 한다.

099 동명사의 역할

100 전치사의 목적어 동명사

101 동명사의 동사적 성향 – 시제와 태

102 동명사의 동사적 성향 – 의미상 주어

103 목적어에 의미가 달라지는 동사들

099 동명사의 역할

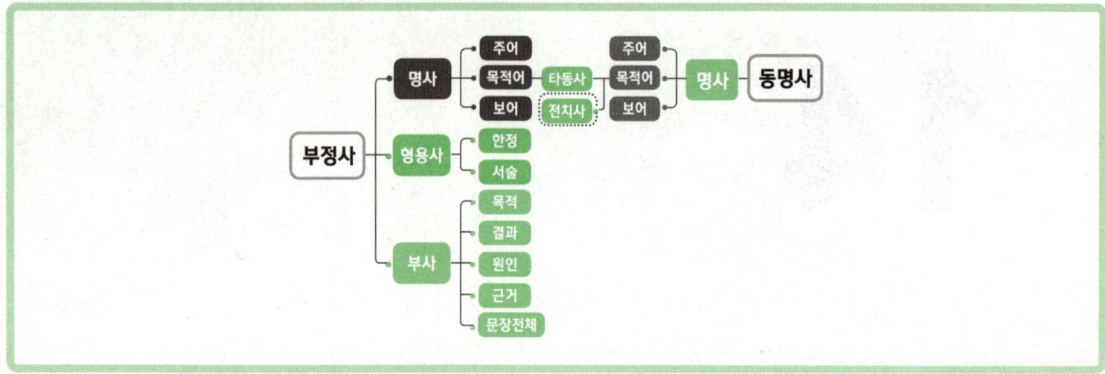

읽기를 위한 문법 Point

동명사는 문장에서 '~ing'형태로 ___ 의 기능을 하며, 이에 맞는 해석을 해야한다.

1. 동명사의 특징

동사가 명사의 역할을 대신해서 주어, 목적어, 보어의 역할을 하는 것이 '동명사'이다. 동명사는 형용사, 전치사구의 수식을 받는다.

- He improved his performance by the regular **practicing**.
  그는 규칙적인 연습을 통해 그의 실력을 향상시켰다.
  ✎ 동명사의 성향 중 전치사의 목적어로 정관사 the를 통해 알 수 있듯이 명사적 성향이 더 크게 사용되었다.

- He improved his performance by regularly **practicing**.
  그는 규칙적으로 연습함으로써 그의 실력을 향상시켰다.
  ✎ 동명사의 성향 중 'regularly'라는 부사의 수식을 받는 동사적 성향이 더 크게 사용되었다.

2. 동명사의 명사적 역할

부정사와 같이 문장에서 명사적 역할을 하여 주어, 목적어, 보어의 명사의 기능을 하고 있다.

(1) 주어의 역할

'~하기, ~하는 것'이라는 의미로 주어의 역할을 하며 항상 단수 취급한다.

- **Practicing hard** is important.
  열심히 연습하는 것은 중요하다.

  cf. 주어에 동명사나 to부정사가 단독으로 사용되는 경우 항상 단수 취급한다.

---

do's & don'ts

동명사 주어 단수 vs 동명사 주어 복수

- **Smoking and drinking** is not good for health.
  흡연과 음주가 건강에 좋지 않다.

- **Smoking and drinking** are not good for health.
  흡연과 음주가 건강에 좋지 않다.

동명사 주어는 단수 취급하지만, 접속사로 연결된 동명사는 문맥에 따라 단,복수 가능하다.

(2) 목적어의 역할

타동사, 전치사, 일부 형용사의 목적어로서의 역할을 한다.

Want	원하다		**M**ind, miss	꺼리다, 그리워하다
Hope	희망하다		**E**njoy	즐기다
Attempt	시도하다		**G**ive up	포기하다
Theaten	위협하다	start	**A**ppreciate	감사, 감상, 인정하다
Choose	선택하다	like	**P**ostpone	연기하다
Agree	동의하다	love	**S**top suggest	멈추다, 제안하다
Need	필요로 하다	begin	**C**onsider	고려하다
Desire	바라다	hate	**A**void	피하다
Offer	제안하다		**R**isk	위험을 무릅쓰다
			Delay	미루다
			Quit	그만두다

- She didn't give up **attending** the meeting.
  그녀는 모임에 참석하는 것을 포기하지 않았다.
  ✎ 동명사 attending은 타동사구 'give up'의 목적어로 사용되었다.

- Boys like **playing** basketball.
  남자 아이들은 농구하는 것을 좋아한다.
  ✎ 동명사 playing이 타동사 'like'의 목적어로 사용되었다.

- I am thinking of **applying** for the company.
  나는 그 회사에 지원하는 것을 생각하는 중이다.
  ✎ 동명사 applying이 전치사 'of'의 목적어로 사용되었다.

- The company is worth **applying** for.
  이 회사는 한번쯤 지원해볼 만하다.
  ✎ 'be worth 동명사'는 관용표현으로 '~할 가치가 있다'는 의미로 쓰인다.

(3) 보어의 역할

- It is **throwing** your time away.
  그것은 시간을 버리는 짓이다.

- His hobby is **collecting** stamps.
  그의 취미는 우표를 모으는 것이다.

답 명사

100 전치사의 목적어 동명사

~~The tool for to analzing the data is now available.~~
The tool for **analzing the data** is now available.

- 동명사의 명사적 성향
- 동명사의 동사적 성향

The tool for **analysis of the data** is now available.

읽기를 위한 문법 Point

준동사중 전치사의 목적어로 부정사는 불가하나, _____ 는 전치사의 목적어로 사용할 수 있다.

1. 암기가 필요한 전치사 to의 관용표현

- look forward to + 명사/-ing : -를 학수고대하다
- object **to** + 명사/-ing = be opposed **to** + 명사/-ing = have an objection **to** + 명사/-ing : -를 반대하다
- pay attention **to** + 명사/-ing : -에 주의를 기울이다
- when it comes **to** + 명사/-ing : -에 관해서라면
- in addition **to** + 명사/-ing : -이외에도, -뿐만 아니라
- contribute **to** + 명사/-ing : -에 기여하다
- devote A **to** B(명사/-ing) : A를 B에 바치다
- be exposed **to** + 명사/-ing : -에 노출되다, 접하다 (= expose A to + 명사/-ing : A를 - 노출시키다)
- what do you say **to** + 명사/-ing? : -하는 게 어때?
- lead **to** + 명사/-ing: -결국 ~가 되다, ~로 이끌다 (= lead + 목적어 + to부정사: ~가 …하도록 이끌다)
- be tied **to** + 명사/-ing : -와 관련되다
- come near **to** + 명사/-ing : 하마터면 -할 뻔하다

답 동명사

101 동명사의 동사적 성향 - 시제와 태

동명사	능동	수동
단순시제	~ing	being p.p.
완료시제	having p.p.	having been p.p.

읽기를 위한 문법 Point

동사가 시제를 가지듯 준동사인 동명사도 시제를 가질 수 있다. 단, 단순 동명사는 '~ing'형태이며 완료 동명사는 '_____'형태이다.

1. 동명사의 시제

(1) 단순 동명사

본동사와 시제가 같으며 '동사원형 + -ing'로 표현한다.

- The boy is ashamed of **being** short.
  그 소년은 키가 작은 것이 부끄럽다.
  ⋯→ The boy is ashamed that he is short.

- The boy was ashamed of **being** short.
  그 소년은 키가 작은 것이 부끄러웠다.
  ⋯→ The boy was ashamed that he was short.

(2) 완료 동명사

본동사보다 한 시제 앞서면 'having + p.p.'로 표현한다. 문장의 동사가 나타내는 때보다 **이전에 일어난 일**을 나타낸다.

- He is ashamed of **having behaved** rudely last night. (O)
  그는 지난밤 무례하게 행동했던 것에 대해 부끄러워한다.
  ✎ 'last night'라는 부사구는 과거의 무례한 행동을 의미하므로, 이전에 일어난 일은 완료 동명사를 사용해야 한다.

2. 동명사의 태

(1) 능동형 동명사

전치사 to의 목적어로 능동형 동명사인 treating이 사용되었다.

- The girls objected to **treating** them like children.
  그 소녀들은 그들을 아이들처럼 대하는 것에 반대했다.

(2) 수동형 동명사

전치사 to의 목적어로 수동형 동명사인 being treated가 쓰였다.

- The girls objected to **being treated** like children.
  그 소녀들은 아이들처럼 취급 받는 것에 반대했다.

📋 having p.p.

102 동명사의 동사적 성향 – 의미상 주어

동명사	능동	수동
단순시제	소유격/목적격 ~ing	소유격/목적격 being p.p.
완료시제	소유격/목적격 having p.p.	소유격/목적격 having been p.p.

읽기를 위한 문법 Point

동명사의 의미상의 주어는 ____으로 나타내며, 현대영어에서 ____을 사용하기도 한다.

1. 동명사의 의미상의 주어

- A waitress insisted on **my[me]** paying for water.
  여종업원은 내가 물 값을 내야 한다고 주장했다.
  ⋯▸ She insisted that I (should) pay for water.

- He had no doubt of **her son(her son's)** winning the competition.
  그는 그의 아들이 대회에서 우승하는 것에 의심하지 않았다.

- I was ignorant of **the trophy** being of no value.
  나는 그 트로피가 가치가 없다는 것을 몰랐다.
  ✎ 동명사의 의미상의 주어는 소유격 또는 목적격을 사용하며, 무생물은 대부분 의미상의 주어를 제시하지 않는다.

2. 동명사의 의미상의 주어 생략

- **She** is proud of ~~her~~ being an artist.
  그녀는 예술가인 것을 자랑스러워한다.
  ⋯▸ She is proud that **she** is an artist.

- **He** insists on ~~him~~ attending the meeting.
  그는 회의에 참석해야 한다고 주장한다.
  ⋯▸ He insists that **he** should attend the meeting.

Top tip ★ 문맥상 의미상의 주어와 문장 주어가 같을 경우 주어를 일반적으로 제시하지 않는다.

🔖 소유격, 목적격

103 목적어에 의미가 달라지는 동사들

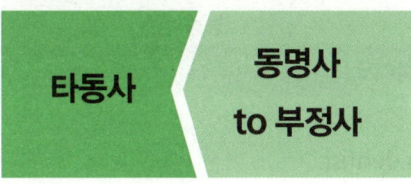

읽기를 위한 문법 Point

동사 remember, forget 등은 목적어로 동명사와 부정사를 취할 수 있다. 단, ___가 달라진다.

1. 목적어에 따라 의미가 달라지는 동사

(1) remember, forget, regret
- to 부정사 : ~(해야 할 것을[이]) 기억한다, 잊다, 유감이다
- 동명사 : ~(했던 것을) 기억한다, 잊다, 후회한다

- I remember **to see** him.
  나는 그를 보아야할 것을 기억한다.
  ⋯▸ I remember that I will see him in the future.

- I remember **seeing him.**
  나는 그를 보았던 것을 기억한다.
  ⋯▸ I remember that I have seen him before.

(2) mean
- to 부정사 : ~을 의도하다
- 동명사 : ~을 의미하다

- He didn't **mean** to bother you.(~할 작정이다)
  그는 당신을 괴롭히려던 의도한 것은 아니었다.

- My new job will **mean** controlling employee.
  내 새로운 일은 직원을 통제하는 것을 의미한다.

(3) try
- to 부정사 : ~하려고 애쓰다(노력하다), 시도하다
- 동명사 : 시험 삼아 ~하다.

- He tried **to move** the piano.
  그는 피아노를 움직이기 위해서 애썼다.

- He tried **moving** the piano.
  그는 피아노를 움직이려고 시도했다.

답 의미

CHAPTER 14
Exercise

> 밑줄 친 동명사의 역할을 구분하세요.

01 My dream is <u>becoming</u> a dentist.
정답:

02 Jane succeeded in <u>solving</u> the question.
정답:

03 Her new job means <u>controlling</u> employees.
정답:

04 You should avoid <u>meeting</u> such a bad guy.
정답:

05 Would you mind <u>opening</u> the door?
정답:

빠른 정답 Check ✓

01 보어 역할
02 (전치사의) 목적어 역할
03 목적어 역할
04 목적어 역할
05 목적어 역할

208　Visual Grammar

CHAPTER 14
Exercise 정답 및 해설

01

해설 불완전자동사 is 뒤 주격 보어 자리에 사용되었으므로 '보어 역할'에 해당된다. 또한, a dentist는 becoming(become의 동명사 형태)의 주격 보어에 해당된다.

구문분석 My dream / is / becoming / a dentist.
　　　　　　S　　　V　　S.C

직독직해 나의 꿈은 / 이다 / 되는 것 / 의사가

해석 나의 꿈은 의사가 되는 것이다.

02

해설 전치사 in의 목적어 자리에 사용되었으므로 '목적어 역할'에 해당된다. 또한, the question은 solving(solve의 동명사 형태)의 목적어에 해당된다.

구문분석 Jane / succeeded (in / solving / the question).
　　　　　　S　　　V

직독직해 Jane은 / 성공했다 (~ 할 때 / 푸는 것을 / 그 문제를)

해석 Jane은 그 문제를 푸는 데 성공했다.

03

해설 완전타동사 means의 목적어 자리에 사용되었으므로 '목적어 역할'에 해당된다. 또한, employees는 controlling(-control의 동명사 형태)의 목적어에 해당된다.

구문분석 Her new job / means / controlling / employees.
　　　　　　　　S　　　　V　　　　　O

직독직해 그녀의 새로운 직업은 / 의미한다 / 통제하는 것을 / 직원들을

해석 그녀의 새로운 직업은 직원들을 통제하는 것을 의미한다.

04

해설 완전타동사 avoid의 목적어 자리에 사용되었으므로 '목적어 역할'에 해당된다. 또한, such a bad guy는 meeting(-meet의 동명사 형태)의 목적어에 해당된다.

구문분석 You / should avoid / meeting / such a bad guy.
　　　　　　S　　　V　　　　　O

직독직해 너는 / 피해야만 한다 / 만나는 것을 / 그러한 나쁜 남자를

해석 너는 그러한 나쁜 남자를 만나는 것을 피해야만 한다.

05

해설 완전타동사 mind의 목적어 자리에 사용되었으므로 '목적어 역할'에 해당된다. 또한, the door는 opening(open의 동명사 형태)의 목적어에 해당된다.

구문분석 Would / you / mind / opening / the door?
　　　　　　　　　S　　V　　　O

직독직해 해줄래 / 너는 / 꺼리다 / 여는 것 / 문을

해석 문 좀 열어 주시겠어요?

CHAPTER 15 분사

분사는 문장에서 형용사처럼 수식의 역할을 한다. 따라서, 우리는 분사를 '동형사'로 부를 수 있다. '동사에서 형용사화된 품사'라는 의미에서이다. 동사의 성향이 반영된 만큼 문장내에서의 역할에 주의해야 한다.

104 분사(동형사)의 역할

105 감정형 분사

106 동명사 vs. 현재 분사

107 분사구문

108 분사구문의 시제

104 분사(동형사)의 역할

읽기를 위한 문법 Point

분사는 문장에서 '동사이지만, 형용사의 기능'을 하므로 동형사로 부를 수 있다. '~ing'형태의 현재분사는 '_____'을 '~ed(p.p.)' 형태의 과거분사는 '_____'를 각각 나타낼 수 있다.

1. 현재분사와 과거분사의 의미

(1) 현재분사 : 능동/진행의 의미

자동사의 현재분사는 '~하고 있는'의 진행형 능동의 의미를, 타동사의 현재분사는 '~을 시키는'이라는 사역적 능동의 의미를 가지고 있다.

① 자동사 현재분사는 진행형 능동의 의미를 갖는다.
- He was the **drowning** man in the lake.
  그는 호수에 빠지는 중인 남자였다.
- I like the girl **sitting** on the right.
  나는 오른쪽에 앉아있는 소녀를 좋아한다.

② 타동사의 현재분사는 목적어를 갖는 능동의 의미를 갖는다.
- The mechanic **fixing** the car was over there.
  그 자동차를 고치던 수리공은 거기에 있었다.

(2) 과거분사 : 수동/완료의 의미

과거분사는 '~되어진, ~하여진'이라는 수동/완료의 의미를 가지며, 이때 수식받는 명사와 과거분사는 수동의 관계에 있다.

① 자동사의 과거분사는 수동적 의미와 상태의 완료의 의미를 더하고 있다.
- He was the **drowned** man in the lake.
  그는 호수에서 익사한 남자였다.

② 타동사의 과거분사는 수동적 의미를 가지고 있다.
- The **wounded** soldiers were carried to the hospital.
  그 부상을 입은 군인들은 병원으로 후송되었다.

능동/진행, 수동/완료

105 감정형 분사

읽기를 위한 문법 Point

감정형 분사의 경우 감정을 ___ 할 때는 '~ing' 형태로, 감정의 ___ 일 때는 'p.p.' 형태로 나타낼 수 있다.

감정 유발 동사		감정 유발 형용사 (현재분사)		감정 상태 형용사 (과거분사)	
please	기쁘게 하다	pleasing	기쁘게 하는	pleased	기쁜
rejoice		rejoicing		rejoiced	
amuse		amusing		amused	
delight		delighting		delighted	
satisfy	만족시키다	satisfying	만족시키는	satisfied	만족한
content		contenting		contented	
gratify		gratifying		gratified	
interest	흥미를 일으키다	interesting	흥미를 일으키는	interested	흥미를 느낀
excite		exciting		excited	
thrill		thrilling		thrilled	

1. 감정형 현재분사

- The news was **surprising**. 그 소식은 놀라웠다.
- The movie was very **interesting**. 그 영화는 매우 흥미로웠다.

2. 감정형 과거분사

- She was **surprised** by the sudden change. 그녀는 갑작스러운 변화에 놀랐다.
- He is **interested** in learning new languages. 그는 새로운 언어를 배우는 데 관심이 있다.

유발(제공), 상태

106 동명사 vs. 현재 분사

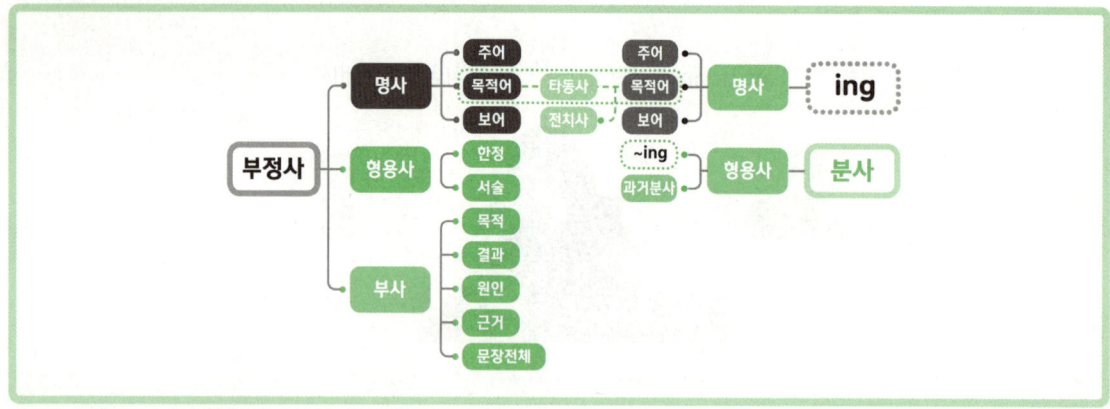

읽기를 위한 문법 Point

동명사와 현재분사는 형태가 같으나, 동명사는 명사적 성질을 '_____'의 의미로 쓰이며 동형사는 형용사적 성질을 가지기에 '_____'의 의미로 해석된다.

1. 동명사

- My hobby is **making** model planes.
  내 취미는 모형 비행기를 만드는 것이다.

  🖋 동명사는 명사적 역할을 하므로 주어, 보어, 목적어로 쓰인다. 이 문장에서의 making은 'my hobby'를 보충 설명하는 주격 보어로 사용된다.

2. 현재분사

- My father is **making** a model plane for me.
  아버지는 나를 위해 모형 비행기를 만들고 계신다.

  🖋 현재분사는 형용사적 역할을 하므로 진행형이나 보어로 쓰이거나 또는 명사를 수식하게 된다. 이 문장에서의 making은 현재진행시제에 쓰인 현재분사로 주어의 행위를 설명하고 있다.(동사 역할)

동 명 사		현 재 분 사	
a sleeping car	: 캠핑카	a sleeping child	: 잠자는 아이
a dancing room	: 무도실	a dancing girl	: 춤추는 소녀
a waiting room	: 대합실	a waiting lady	: 기다리고 있는 여인

📖 ~ 하는 것, ~ 하는 중

107 분사구문

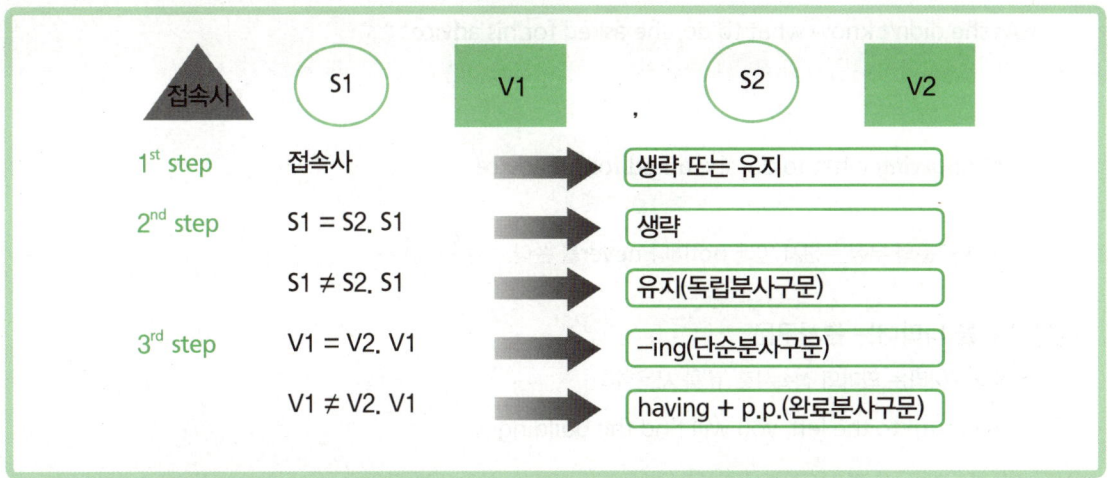

읽기를 위한 문법 Point

분사구문은 문장을 수식하는 부사의 역할로 주로 '_____'로 해석한다.

분사를 이용하여 부사절을 부사구로 고친 것으로, 그 구가 주절을 부사적으로 수식할 때 이를 분사구문이라고 하며, 때(시간), 이유·원인, 조건, 양보, 부대상황(동시동작, 연속동작)을 표시하는 접속사가 생략되었지만, 해당 접속사의 의미는 내포되어 있다.

1. 분사구문의 종류

(1) 시간, 때를 나타내는 분사구문

'~할 때에, ~하는 동안에'라는 의미의 접속사 'when, while, after, as' 등의 접속사절을 분사구문으로 바꾼다.

- **When** I was left alone, I began to cry.
  내가 혼자 남겨졌을 때, 나는 울기 시작했다.

  ⬇

  (Being) **Left** alone, I began to cry.
  혼자 남겨졌을 때, 나는 울기 시작했다.

  ✎ 분사구문에 'being'은 생략될 수 있다.

(2) 이유 · 원인을 나타내는 분사구문

'~이므로, ~때문에'이라는 의미의 접속사로 주로 'as, because'가 쓰인다.

- **As** she didn't know what to do, she asked for his advice.
  그녀는 무엇을 해야 할지 몰랐기 때문에, 그녀는 그의 주언을 구했다.

Not knowing what to do, she asked for his advice.
무엇을 해야 할지 몰라서 그녀는 그의 조언을 구했다.

🔖 분사구문의 부정은 분사 앞에 not이나 never를 쓴다.

(3) 조건을 나타내는 분사구문

'~한다면'이라는 의미의 접속사로 'if'를 사용한다.

- **If** you turn to the left, you will find the building.
  너가 왼쪽으로 돌면, 너는 그 건물을 볼 것이다.

Turning to the left, you will see the building.
왼쪽으로 돌면, 너는 그 건물을 볼 것이다.

(4) 부대상황을 나타내는 분사구문

동시 동작을 나타내는 접속사는 때를 나타내는 while이나 as로 연결하면서 '~하면서'로 의미를 부여한다.

- **As** I sang and danced, I had a good time.
  내가 노래하고 춤을 추면서, 나는 좋은 시간을 보냈다.

Singing and dancing, I had a good time.
노래하고 춤을 추며, 나는 좋은 시간을 보냈다.

(5) 양보를 나타내는 분사구문

'비록 ~한다 할지라도'이라는 의미로 접속사 'though, although' 등을 사용한다.

- **Though** I admit what he says, I still don't believe it.
  그가 말하는 것을 나는 인정한다 할지라도, 나는 여전히 그것을 믿지는 않는다.

Admitting what he says, I still don't believe it.
그가 말하는 것을 인정한다 할지라도, 나는 여전히 그것을 믿지는 않는다.

2. 비인칭 독립분사구문

독립분사구문의 경우, 의미상의 주어가 필요하지만, 이때의 주어가 we, you, they, people, one 등과 같이 막연한 일반인을 나타낼 때는 생략하며, 이를 비인칭 독립분사구문이라고 한다.

> - **Generally speaking** (일반적으로 말해서)
> - **Strictly speaking** (엄격히 말해서)
> - **Frankly speaking** (솔직히 말해서)
> - **Judging from** (~으로 판단해 보면)
> - **Granting that** (가령~이라 하더라도/만약~라면)
> - **Compared with** (~와 비교하면)
> - **Supposing that** (만약~이라면)
> - **Considering (that)** (~을 고려하자면)

- If we speak generally, dogs are very friendly.
  일반적으로 말하면, 개는 매우 친근하다.

  Generally speaking, dogs are very friendly.
  일반적으로 말해서, 개는 매우 친근하다.

- If we speak strictly, I am not an artist.
  엄밀히 말해서 나는 예술가가 아니다.

  Strictly speaking, I am not an artist.
  엄밀히 말해서 나는 예술가가 아니다.

~하면서

108 분사구문의 시제

| 단순시제 분사구문 | 분사구문: ~ing | 주절: 주어 + 동사 | 주절의 시제와 같은 시점에 일어난 사건 |
| 완료시제 분사구문 | 분사구문: Having p.p. | 주절: 주어 + 동사 | 주절의 시제보다 먼저 일어난 사건 |

읽기를 위한 문법 Point

완료 분사구문은 주절의 시제보다 종속절의 시제가 _____ 발생한 동작 또는 상태를 서술할 때는 완료형 분사를 사용하여 나타낸다.

1. 단순시제 분사구문

- As we **live** in the country, we are very healthy.
  시골에 살기 때문에 우리는 매우 건강하다.

Living in the country, we are very healthy.
시골에 살기 때문에 우리는 매우 건강하다

✎ 주절과 종속절의 시제가 같을 경우 단순형 분사를 사용한다.

2. 완료시제 분사구문

- After I **had finished** my work, I **met** my friends.
  일을 끝마치고 친구들을 만났다.

Having finished my work, I **met** my friends.
일을 끝마치고 친구들을 만났다.

✎ 종속절이 주절보다 이전에 일어난 사건에 대한 서술을 할 때 완료형 분사를 사용한다.

As the book **was printed** in haste, the book **has** many mistakes.
급하게 인쇄되었기 때문에 그 책은 오류가 많다.

- **(Having been) Printed** in haste, the book **has** many mistakes.
  급하게 인쇄되어서 그 책은 오류가 많다.

✎ 'being'이나 'having been'이 생략된 경우에는 다시 문장에 이들을 보충해 보면 의미를 파악하는 것이 쉬워진다.

📖 이전에

M • E • M • O

CHAPTER 15
Exercise

> 밑줄 친 분사가 수식하는 것을 고르세요.

01 Tom has his laptop <u>stolen</u>.
정답:

02 I want to buy a <u>used</u> car.
정답:

03 You should be careful of the <u>broken</u> glass.
정답:

04 I didn't hear the phone <u>ringing</u>.
정답:

05 The <u>wounded</u> player was carried to the hospital.
정답:

빠른 정답 Check ✓

01 his laptop
02 car
03 glass
04 the phone
05 player

CHAPTER 15
Exercise 정답 및 해설

01

해설 해석상 '도난당한 그의 노트북'이므로 과거분사 stolen은 명사구 his laptop을 수식하고 있다.

구문분석 Tom / has / his laptop / stolen.
　　　　　　S　　V　　　O

직독직해 Tom은 / 가지고 있다 / 그의 노트북을 / 도난당한

해석 Tom은 그의 노트북을 도난당했다.

02

해설 해석상 '사용되어진 차(중고차)'이므로 과거분사 used는 명사 car를 수식하고 있다.

구문분석 I / want / to buy / a used car.
　　　　　　S　V　　O

직독직해 나는 / 원한다 / 구매하기를 / 사용되어진 차를

해석 나는 중고차를 구매하기를 원한다.

03

해설 해석상 '깨어진 유리'이므로 과거분사 broken은 명사 glass를 수식하고 있다.

구문분석 You / should be / careful (of / the broken glass.)
　　　　　　S　　　V　　　　S.C

직독직해 너는 / 해야만 한다 / 조심하는 (~의 / 깨어진 유리)

해석 너는 깨진 유리를 조심해야만 한다.

04

해설 해석상 '울리는 중인 전화기'이므로 현재분사 ringing은 명사구 the phone을 수식하고 있다.

구문분석 I / didn't hear / the phone / ringing.
　　　　　　S　　V　　　　O　　　　O.C

직독직해 나는 / 듣지 못했었다 / 전화기를 / 울리는 중인

해석 나는 울리는 중인 전화 소리를 듣지 못했었다.

05

해설 해석상 '부상 당한 선수'이므로 과거분사 wounded는 명사 player를 수식하고 있다.

구문분석 The wounded player / was carried (to / the hospital).
　　　　　　　　　S　　　　　　V

직독직해 부상 당한 선수는 / 옮겨졌다 (~으로 / 병원)

해석 부상 당한 선수는 병원으로 옮겨졌다.

CHAPTER 16 접속사

문장이 길어지는 이유 중에 하나가 접속사이다. 접속사는 문장과 문장을 '연결'해주는 역할을 하며, 관계사절과 마찬가지로 '절'을 이끌기 때문에 동사가 항상 포함된다. 접속사와 관계사를 구별하는 형태의 문제가 자주 출제되므로, 이 점에 유의해서 학습하자!

109 등위 접속사

110 등위 상관 접속사

111 명사절 접속사

112 접속사 > 동격 that

113 부사절 접속사

114 주의해야 할 접속사

109 등위접속사

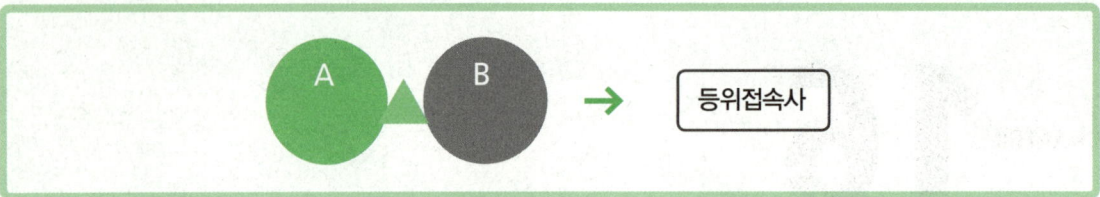

읽기를 위한 문법 Point

등위접속사로 단어, 구, 절이 대등하게 연결된 병렬구조에서는, 독해상 병렬된 한 부분만 그 의미를 파악해도 전체의 ___을 파악할 수 있다.

1. 등위 접속사 and : 그리고

(1) 명령문 and

명령문 + and + 주어 + 동사   ~해라 그러면 ~할 것이다.

- Work hard, **and** you will pass the exam.
  ⋯▶ If you work hard, you will pass the exam.
  열심히 공부하라, 그러면 당신은 그 시험에 통과할 것이다.

2. 등위접속사 but : 그러나

(1) 접속사 but

그러나, 하지만, 그렇지만

- He works slowly **but** accurately.
  그는 천천히 일하나 그러나 정확하게 일한다.

(2) 전치사

~을 제외하고, ~이외에

부정어(nobody, nowhere 등), 의문사, all, everyone, anyone + but
　　　　　　　　　　　　　　　　　　　　　　　　　　　～을 제외하고

- There was nothing in the room **but** an old cat.
  그 방에는 늙은 고양이 한 마리 외에는 아무것도 없었다.

3. 등위접속사 or : 또는

명령문 + or + 주어 + 동사 : ~ 해라, 그렇지 않으면 ~ 할 것이다.

- Work hard, **or** you will fail.
  노력해라 그렇지 않으면 실패할 것이다.
  ⋯▶ Unless you work hard, you will fail.

맥락

110 등위상관접속사

either		or		A, B 둘 중에 하나
neither		nor		A도 아니고 B도 아닌
not	A	but	B	A가 아니라 B
not only		but also		A뿐만 아니라 B도
–		as well as		B뿐만 아니라 A도

읽기를 위한 문법 Point

not only A but also B의 표현에서 강조하고자 하는 부분은 문맥상 ___이며, 이후의 글의 전개도 ___에 관한 서술일 가능성이 높다.

1. both A and B

'A와 B 둘 다'의 개념으로 병렬구조와 복수 취급한다는 점에 유의해야 한다.
- **Both** milk **and** butter are nutritious foods. 우유와 버터는 영양가 많은 음식이다.
  ✎ both A and B구문은 복수 취급한다.

2. either A or B

'A 또는 B 둘 중 하나'의 의미로 양자택일의 개념으로, 수일치는 B에 일치시킨다. 참고로 「neither A nor B」는 'A도 아니고 B도 아닌'의 의미이다.
- **Either** uncle **or** aunt may come later. 이따가 삼촌이나 이모가 오실 것이다.
- **Neither** you **nor** she is right. 너나 그녀 둘 다 옳지 않다.

3. not only A but also B

'A뿐만 아니라 B도'의 개념으로 문맥상 B를 강조하고 B에 수일치한다.

not only		but also	
merely	A		B
just		likewise	
alone			

- The man gave us **both** food **and** money. 그 남자는 나에게 음식과 돈을 주었다.

4. not A, but B

'A가 아니라, B'라는 의미로 사용되며, 주어로 사용될 경우, B에 수일치 한다.
- The true worth can be measured **not** by his abilities, **but** by his character.
  진정한 가치는 그의 능력이 아니라 그의 성격으로 측정될 수 있다.

답 B, B

111 명사절 접속사

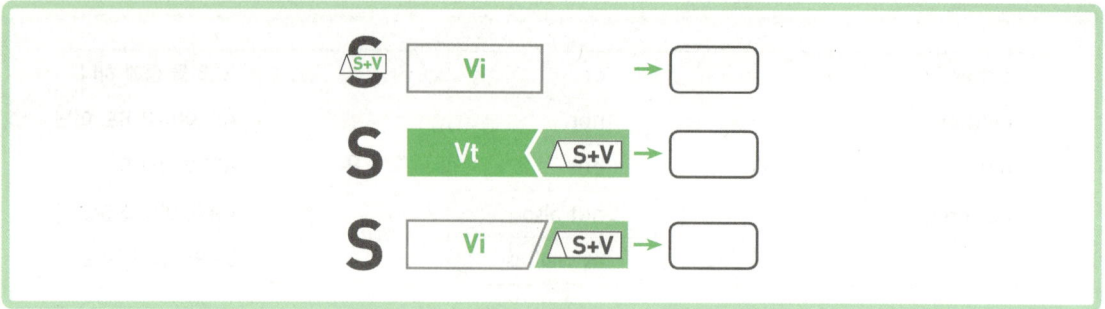

읽기를 위한 문법 Point

명사절 접속사 that은 주어, 목적어, 보어의 역할을 하는 명사절을 이끌며 의미는 '___'으로 해석된다.

1. 주어로 쓰인 명사절

- **That** she is alive is certain. 그녀가 살아 있는 것이 분명하다.
  - 명사절 That she is alive는 문장의 주어이다.

2. 목적어로 쓰인 명사절

- He will find **that** there's no place like home. 그는 집같이 좋은 곳이 없다는 것을 알게 될 것이다.
  - 명사절 that there's no place like home은 find의 목적어로 쓰이고 있다.
- Ask your brother **if** it is true. 그것이 사실인지 아닌지 너의 형에게 물어봐라.
- Ask your brother **whether** it is true or not. 그것이 사실인지 아닌지 너의 형에게 물어봐라.
- I don't know **whether** she is at home or at the office. 그녀가 집인지 사무실에 있는지 모르겠다.

Top tip ★

if vs. whether

if가 '~인지 아닌지'의 의미로 명사절을 이끄는 경우, 이는 문두에 사용할 수 없을 뿐 아니라, to부정사를 주어로 사용할 수 없다. 또한 전치사의 목적어절로도 사용할 수 없으므로 위의 경우는 whether절을 사용해야한다.

3. 보어로 쓰인 명사절

- The best part of this game is **that** it can be enjoyed by the beginners.
  이 게임의 가장 좋은 점은 초보자들도 즐길 수 있다는 것이다.

답 ~것

112 접속사 > 동격 that

읽기를 위한 문법 Point

동격의 that은 '추상명사 + that + 완전한 절 형태'로 추상명사에 대한 구체적인 ___ 에 해당된다.

1. 동격의 that

(1) 동격that과 함께 쓰이는 추상 명사

fact	사실	truth	진실
statement	언급	opinion	의견
news	뉴스	rumor	유언비어
report	보고서	right	권리

- There is a chance **that** they may lose the game.
  그들이 시합에서 질 가능성이 있다.

  ✎ 명사절 that they may lose the game은 a chance와 동격이다.

- The news **that** his son was found was not true.
  그의 아들이 발견되었다는 소식은 사실이 아니었다.

  ✎ 명사절 that his son was found는 The news와 동격이다.

do's & don'ts

동격의 that vs 관계대명사 that

- There is no evidence **that** he murdered the victim. (동격 that절)
  그가 희생자를 살해했다는 증거는 없다.

- There is no evidence **that** witnesses have ever seen. (목적격 관계대명사 that절)
  목격자들이 이미 보았던 증거가 없다.

동격의 that과 관계대명사 that을 구별하기 위해서는 뒤따라오는 문장으로 확인 할 수 있다. 동격의 that이고 불완전하면 관계대명사 that이다. 단, 동격이 that도 범주는 접속사의 하나이다.

113 부사절 접속사

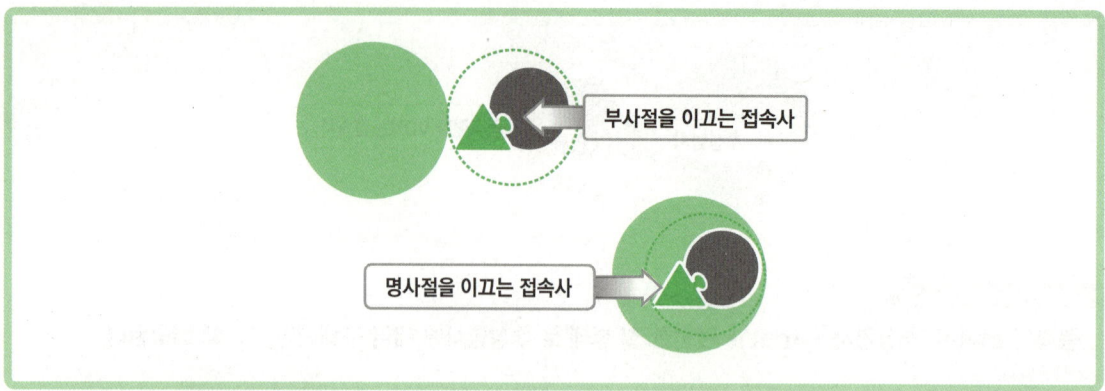

읽기를 위한 문법 Point

부사절 접속사는 문장 전체를 _____ 하는 역할로서, 부사절이 생략되어도 주절은 완전한 문장 상태이다.

주절과 부사절을 연결하여 시간, 이유,원인, 조건, 양보, 비교 등의 관계를 나타내는 접속사이다.

1. 시간

> when, while, as, since, until, after, before, as soon as…

- **When** I arrived at the station, the train had already left.
  내가 역에 도착했을 때, 그 기차는 이미 출발했다.
- **While** I was waiting for the bus, I met an old friend of mine.
  내가 그 버스를 기다리는 동안에 나는 오랜 친구를 만났다.

2. 이유, 원인

> because, as, since, for, so ~(원인), that…(결과)

- **Since** it was raining, we stayed home.
  비가 왔기 때문에 우리는 집에 있었다.
- He ran **so** fast **that** no one could catch him.
  그는 너무 빨리 달려서 아무도 그를 따라잡을 수 없었다.

do's & don'ts

Do's
- They were forgiven, for they knew not what they did.
  그들은 용서받았는데, 왜냐하면 그들은 자신들이 무엇을 했는지도 몰랐기 때문이다.

Don'ts
- ~~For they knew not what they did~~, they were forgiven.

for가 '왜냐하면'이라는 의미로 접속사로 쓰이게 되면, 일반적으로 문두에 사용하지 못 한다. 그러나, 현대영어에서 일부 강조를 위한 표현으로활용되기도 한다.

3. 조건

> if, unless, once, provided...

- **If** you are tired, we will go back home.
  만약에 당신이 피곤하다면 우리는 집에 갈 것이다.

- I will leave tomorrow **unless** it rains.
  = I will leave tomorrow **if** it **doesn't** rain.
  나는 비가 오지 않는다면 내일 출발할 것이다.

  ✎ unless가 '~이 아니라면'이라는 의미로 쓰이며 if와 not의 역할을 한다.

4. 양보

> although, though, even if, even though, 형용사 / 부사 / 무관사 명사 + as + 주어 + 동사 ~, 주어 + 동사

- She took care of her sisters, **though** she was only ten years old.
  그녀는 오직 10살일지라도 그녀의 여동생을 돌보았다.

- You must go tomorrow **even if** you aren't ready.
  당신은 준비가 안 되었을지라도 내일 출발해야만 한다.

- Hard **as** she tried, she could not solve the problem.
  비록 그녀가 열심히 노력했지만, 문제를 풀 수 없었다.

- Child **as** he is, he speaks very wisely.
  비록 그는 어린아이지만, 매우 현명하게 말한다.

  ✎ as 양보절의 명사가 강조될 경우 '무관사 명사'를 사용함에 유의해야 한다.

5. 비교, 범위, 정도

> than, as, as far as, as long as...

- He spends more **than** he earns.
  그는 그가 버는 것보다 더 쓴다.

- I will help you **as far as** I can.
  나는 할 수 있는 한 너를 도울 것이다.

114 주의해야 할 접속사

원인			결과	
so	형용사/부사	that	주어 동사	너무 ~해서 ...하다
such	명사	that	주어 동사	너무 ~해서 ...하다
결과		원인		
	주어 동사	so that	주어 동사	~하기 위해서
	주어 동사	,so that	주어 동사	결국..하다

> **읽기를 위한 문법 Point**
>
> 'so 원인 that 결과'절은 so뒤에 반드시 _____ 또는 ___ 의 원인을 제시해야하며 that 이하는 결과를 나타내는 부사절에 해당된다.

1. 결과를 나타내는 so~that / such~that

공통적으로 '너무 ~해서 결국...하다'의 의미를 가지고 있으며 so는 형용사나 부사를 이끌며, such는 명사를 수식함에 유의해야 한다.

- He is **such** a kind boy **that** everyone likes him.
  그는 친절한 아이라서 모든 사람들이 좋아한다.
- = He is **so** kind a boy **that** everyone likes him.
  그는 친절한 아이라서 모든 사람들이 좋아한다.
- I was **so** feverish **that** I nearly died.
  나는 열이 너무 많이 나서 거의 죽을 뻔 했다.
- = I have **such** a fever **that** I nearly died.
  나는 열이 너무 많이 나서 거의 죽을 뻔 했다.

2. 목적을 나타내는 so that ~ may = in order that ~ may

결과를 나태내는 접속사로 절을 이끌며 '~하기 위해서'라고 해석된다.

- I came here **so that** I might study English.
  나는 영어를 공부하기 위하여 여기에 왔다.

  cf. It was very hot, **so that** we turned on the air condition.
  날씨가 매우 더워서, 결국 우리는 에어컨을 켰다.

  ✎ 컴마(,)이후에 **so that**은 주로 '결국 ~하다'로 해석한다.

형용사, 부사

M·E·M·O

CHAPTER 16
Exercise

종속절의 역할을 구분하시오.

01 She said that she liked dancing.
정답:

02 That he came here is not true.
정답:

03 The problem is that he has no money.
정답:

03 She said nothing when she came back.
정답:

05 He thinks that he can do it though he is young.
정답:

빠른 정답 Check ✓

01 목적어절(명사절)
02 주어절(명사절)
03 보어절(명사절)
04 부사절(시간절)
05 명사절(목적어절) / 부사절(양보절)

CHAPTER 16
Exercise 정답 및 해설

01

해설 완전타동사 said(say의 과거형) 뒤 목적어 자리에 that이 이끄는 절이 존재한다. 그러므로 종속절인 'that she liked dancing'은 목적어절(명사절)에 해당된다.

구문분석
She / said / that / she / liked / dancing.
 S   V   S   V   O

직독직해 그녀는 / 말했다 / ~라는 것 / 그녀는 / 좋아했다 / 춤추는 것을

해석 그녀는 그녀가 춤추는 것을 좋아했다고 말했다.

02

해설 불완전자동사 is 앞 주어 자리에 that이 이끄는 절이 존재한다. 그러므로 종속절인 'That he came here'는 주어절(명사절)에 해당된다.

구문분석
That / he / came (here) is not / true.
         S   V   V   C

직독직해 ~라는 것 / 그는 / 왔었다 (여기에) ~한 상태가 아니다 / 사실인

해석 그가 여기에 왔었다는 것은 사실이 아니다.

03

해설 불완전자동사 is 뒤 주격 보어 자리에 that이 이끄는 절이 존재한다. 그러므로 종속절인 'that he has no money'는 보어절(명사절)에 해당된다.

구문분석
The problem / is / that / he / has / no money.
       S   V   S   V   O

직독직해 그 문제는 / 이다 / ~라는 것 / 그가 / 가지고 있다 / 돈이 없는

해석 그 문제는 그가 돈을 가지고 있지 않다는 것이다.

04

해설 주절인 'She(주어)+said(완전타동사)+nothing(목적어)'이 완전한 문장이므로 종속절인 'when she came back'은 부사절(시간절)에 해당된다.

구문분석
She / said / nothing / when / she / came (back).
 S   V   O   S   V

직독직해 그녀는 / 말했었다 / 아무것도 아닌 것을 / ~ 할 때 / 그녀가 / 왔었다 (되돌아가서)

해석 그녀가 다시 돌아왔었을 때 그녀는 아무 말도 하지 않았다.

05

해설 완전타동사 thinks 뒤 목적어 자리에 that이 이끄는 절이 존재한다. 그러므로 종속절인 'that he can do it'은 명사절(목적어절)에 해당된다.
또한, 'He(주어)+thinks(완전타동사)+that절(목적어)'이 완전한 문장이므로 종속절인 'though he is young'은 부사절(양보절)에 해당된다.

구문분석
He / thinks / that / he / can do / it / though / he / is / young
 S   V   S   V   O   S   V   C

직독직해 그는 / 생각한다 / ~라는 것 / 그는 / 할 수 있다 / 이것을 / ~일지라도 / 그는 / …한 상태이다 / 어린

해석 그는 어릴지라도 이것을 할 수 있다고 생각한다.

CHAPTER 17 관계사

관계사란 문장과 문장을 연결해주는 점에서 접속사와 비슷하나, 큰 차이가 있다. 관계사절은 형태적으로 관계사가 이끄는 문장이지만, 기능적으로는 형용사절이다. 형용사나 분사가 명사를 수식해주듯이, 관계사가 이끄는 형용사절은 앞서 나온 선행사를 수식해준다. 또한 뒤따라오는 관계사절 이후의 문장이 불완전한 형태이므로 이점을 유의해서 다른 연결사인 접속사와 비교 이해하자!

115 관계대명사

116 관계대명사의 용법에 다른 해석

117 주격 관계대명사

118 목적격 관계대명사

119 소유격 관계대명사

120 관계대명사의 생략

121 관계대명사 that

122 관계대명사 what

123 관계부사

124 복합관계대사

115 관계대명사

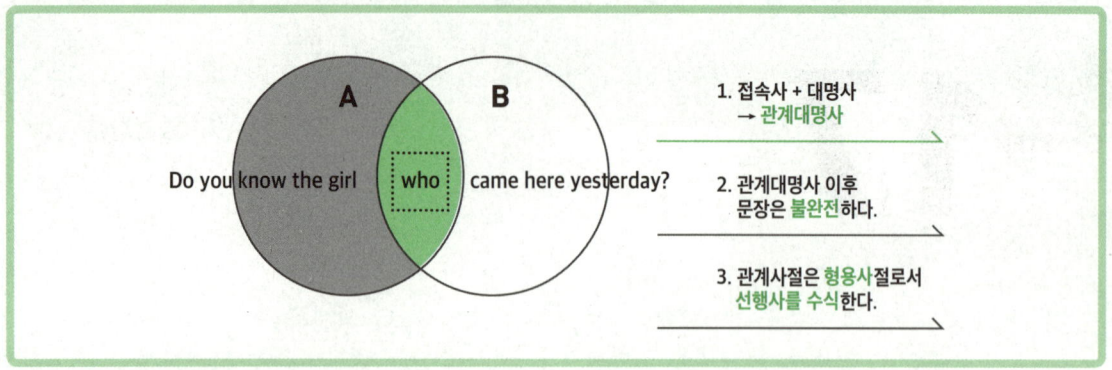

읽기를 위한 문법 Point

관계사는 문장에서 '접속사 + (대)명사'의 역할을 하며, 앞선 선행사를 후치 _____ 하는 역할을 한다.

1. 관계대명사

선행사	주격	소유격	목적격	문장에서의 역할
사람	who	whose	who(m)/생략 가능	형용사절
동물, 사물	which	whose, of which	which/생략 가능	형용사절
사람, 동물, 사물	that	–	that/생략 가능	형용사절
사물(선행사 포함)	what	–	what	명사절

관계대명사는 앞에 있는 명사나 대명사(→선행사)를 받는 구실을 하면서 두 문장을 연결해주므로 「접속사 + 대명사」의 역할을 겸하면서 형용사절을 이끌어 관계대명사 앞의 선행사를 수식한다.

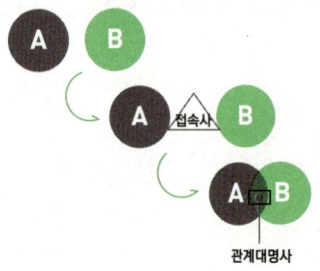

- Do you know the girl? + The girl came here yesterday.
  당신 그 여자아이 알아요?   그 소녀 여기에 어제 왔어요.
  → Do you know the girl who came here yesterday?
                   선행사 주격 관계 대명사
  당신은 어제 여기에 온 소녀를 알아요?

  ✎ 수식을 받는 명사나 대명사를 **선행사**(Antecedent)라고 한다.

답 수식

116 관계대명사의 제한적 용법 vs. 계속적 용법

	제한적 용법		역할
선행사	~~comma~~ + 관계대명사 who whom which that	불완전한 문장	앞에 있는 선행사를 수식
	계속적 용법		역할
선행사	comma + 관계대명사 ,who ,whom ,which ~~that~~	불완전한 문장	추가나 부가적인 설명을 해주는 절

> **읽기를 위한 문법 Point**
> 관계사의 제한적 용법은 해석의 방향이 __에서 __방향으로 수식하며, 계속적 용법은 __에서 __방향으로 수식한다.

1. 제한적(한정적) 용법 – 관계대명사 앞에 comma(,)가 없으며 선행사를 후치 수식한다.

• She had two sons who became doctors.
   ②   ①

그녀는 의사가 된 아들 두명을 가졌다. (다른 아들이 있을 가능성이 있다)
①에서 ②를 수식해주는 방향으로 수식한다.

2. 계속적(서술적) 용법 – 관계대명사 앞에 comma(,)가 있으며 선행사에 대해 부연 설명한다.

• She had two sons, who became doctors.
   ① (=and they) ②

그녀는 두 아들을 가졌다, 그리고 그들은 의사이다. (다른 아들을 가질 가능성은 없다.)
①을 먼저 해석하고, 이후에 ②로 추가적인 내용을 설명한다.

3. 계속적 용법 주의할 점

관계대명사 that은 계속적 용법에 쓸 수 없다.

• She had two sons, that became doctors. (x)
   관계대명사의 계속적 용법은 that을 사용할 수 없습니다.

뒤,앞,앞,뒤

117 주격 관계대명사

선행사	주격	소유격	목적격	문장에서의 역할
사람	who	whose	who(m)/ 생략가능	형용사절
동물, 사물	which	whose, of which	which/ 생략가능	형용사절
사람, 동물, 사물	that	–	that/ 생략가능	형용사절
사물(선행사 포함)	what	–	what	명사절

읽기를 위한 문법 Point

주격관계대명사는 선행사를 수식할 때 '_____ 선행사'의 의미로 해석된다.

1. 선행사가 사람일 때

- I have a friend. + She plays tennis very well.
  나는 친구가 한 명 있다. 그녀는 테니스를 굉장히 잘 친다.
  ⋯▸ I have a friend **who** plays tennis very well.
  나는 테니스를 굉장히 잘 치는 친구가 한 명 있다.

- The girl (**who** is) dancing is my sister.
  춤을 추는 그 소녀는 나의 여동생이다.

🖉 The girl who is dancing is my sister.에서 who is dancing은 관계대명사절로서 선행사인 the girl을 수식하고 있는데 the girl은 관계대명사의 선행사이자, 이 문장의 주어이다. 단, '주격관계대명사+be동사'는 생략이 가능하다.

2. 선행사가 사물일 때

- I have a book. + It is very interesting.
  ⋯▸ I have a book (**which** is) very interesting.
  나에게는 아주 재미있는 책이 한 권 있다.

🖉 여기서 which는 관계대명사로서 선행사 'a book'이라는 사물을 수식해주고 있다. 따라서 여기 쓰인 which는 주격 관계대명사이다. 관계대명사절 which is very interesting이 수식하는 선행사는 a book이다. 단, '주격 관계대명사+be동사'는 생략이 가능하다.

📖 ~하는

118 목적격 관계대명사

선행사	주격	소유격	목적격	문장에서의 역할
사람	who	whose	who(m)/ 생략가능	형용사절
동물, 사물	which	whose, of which	which/ 생략가능	형용사절
사람, 동물, 사물	that	–	that/ 생략가능	형용사절
사물(선행사 포함)	what	–	what	명사절

읽기를 위한 문법 Point

목적격관계대명사는 선행사를 수식할 때 '_____ 선행사'의 의미로 해석된다.

1. 선행사가 사람일 때

- He is **the boy**. + I met **him** yesterday.
  → He is the boy **who(m)** I met yesterday.
  그는 내가 어제 만났던 소년이다.

  ✎ 여기서 who(m)은 목적격 him을 대신하는 관계대명사로서 who(m)이 이끄는 관계대명사절 who(m) I met yesterday 속에서는 met의 목적어 역할을 하고 있다. 이와 같이 관계대명사가 자신이 이끄는 관계대명사절 속에서 목적어의 역할을 하는 경우 이를 목적격 관계대명사라 한다.

- This is **the lady**. + I played tennis **with her**.
  이 사람이 내가 테니스를 같이 쳤던 그 숙녀이다.
  → This is the lady **who(m)** I played tennis with. (목적격 관계대명사)
  → This is the lady **(who(m))** I played tennis with. (목적격 관계대명사 생략)
  → This is the lady **with who(m)** I played tennis. (전치사 +관계대명사)

  ✎ 목적격 관계대명사는 동사의 목적어가 될 수 있을 뿐 아니라 전치사의 목적어도 될 수 있다.
  단, 목적격 관계대명사는 항상 생략이 가능하지만, 앞에 전치사가 있는 경우 생략이 불가능하다.

Top tip ★

전치사의 목적어

타동사 뿐만 아니라, 전치사도 목적어를 반드시 소유해야만 한다. 그러므로 관계대명사의 목적격은 타동사의 목적격과 전치사의 목적격 두가지 존재한다.

- The girl **to whom** I spoke was very kind. (전치사 to의 목적격 관계대명사)
  내가 이야기했던 소녀는 매우 친절했다.

- The girl **whom** I met was very kind. (타동사 met의 목적격 관계대명사)
  내가 만난 소녀는 매우 친절했다.

2. 선행사가 사물일 때

- This is the **book**. + I read it yesterday.
  - ⤳ This is the book **which** I read yesterday.
    이것이 내가 어제 읽었던 책이다.

  ✎ 여기서 which은 목적격 it을 대신하는 관계대명사로서 which가 이끄는 관계대명사절 which I read yesterday 속에서는 read의 목적어 구실을 하고 있다. 관계대명사절 which I read yesterday가 수식하는 선행사는 the book이다.

- This is the house. + She lives **in it**.
  - ⤳ This is the house **which** she lives **in**. (목적격 관계대명사)
  - ⤳ This is the house **(which)** she lives **in**. (목적격 관계대명사 생략)
  - ⤳ This is the house **in which** she lives. (전치사 + 관계대명사)
    여기가 그녀가 살고 있는 집이다.

  ✎ 여기서 which는 전치사 in의 목적격 관계대명사에 해당 한다. 이때 관계대명사절 (in) which she lives가 수식하는 선행사는 the house이다.

  📖 주어가 ~하는

119 소유격 관계대명사

선행사	주격	소유격	목적격	문장에서의 역할
사람	who	whose	who(m)/ 생략가능	형용사절
동물, 사물	which	whose, of which	which/ 생략가능	형용사절
사람, 동물, 사물	that	–	that/ 생략가능	형용사절
사물(선행사 포함)	what	–	what	명사절

읽기를 위한 문법 Point

소유격관계대명사는 선행사를 수식할 때 '선행사(A) + 소유격관대명사 + 무관사명사(B)'로 쓰여 '_____'의 의미로 해석된다.

1. 선행사가 사람일 때

- **The doctor** likes to play chess. + **His** office is near my house.
  → The doctor **whose** office is near my house likes to play chess.
  나의 집 근처에 사무실이 있는 그 의사는 장기 두기를 좋아한다.

✎ 여기서 whose는 who의 소유격 관계대명사이다. 따라서 whose office와 같이 whose 다음에는 반드시 무관사 명사가 뒤따르게 되는 점에 유의해야 한다. whose가 이끄는 관계대명사절 whose office is near my house가 수식하는 선행사는 the doctor이다.

2. 선행사가 사물일 때

- I have found a book. + Its cover is red.
  → I have found a book **whose** cover is red.
  → I have found a book the cover of **which** is red. (사용 빈도 낮음)
  → I have found a book of **which** the cover is red.
  나는 표지가 빨간 책을 한 권 찾아냈다.

✎ 관계대명사절 whose cover is red에서 whose가 수식하는 선행사는 a book이다.
이때 whose는 which의 소유격 형태로, 뒤에는 반드시 관사가 없는 명사(무관사 명사)가 와야 한다. whose는 사람뿐만 아니라 사물이나 동물도 선행사로 취할 수 있는 소유격 관계대명사이며, 항상 whose + 명사의 형태로 쓰인다. 선행사가 사물일 경우에는 whose 대신 of which를 사용할 수도 있는데, 이는 무생물의 소유 관계를 of 전치사구로 표현한 형태이다.

답 A의 B

120 관계대명사의 생략

선행사	주격+be동사	소유격	목적격	문장에서의 역할
사람	who+be동사	whose	who(m)/생략 가능	형용사절
동물, 사물	which+be동사	whose, of which	which/생략 가능	형용사절
사람, 동물, 사물	that+be동사	–	that/생략 가능	형용사절
사물(선행사 포함)	what	–	what	명사절

> **읽기를 위한 문법 Point**
>
> 문장에서 목적격 관계대명사가 생략되면 '명사A(선행사) + 명사B(주어) + 동사C(서술어)'의 형태이며, 이때 의미는 _____로 해석한다.

1. 주격 관계사의 생략

(1) '주격 관계대명사 + be동사'의 생략

- The person (**who is**) sleeping in the room is the orphan.
  그 방에서 자고 있는 사람은 그 고아이다.

  ✎ '주격 관계대명사 + be동사'가 생략된 형태는 결국 현재 분사가 직접 명사를 수식하는 형태이다. 분사의 개념으로 이해하는 것도 가능하다. 현재분사 'sleeping'이 'the person'을 수식하게 된다.

2. 목적격 관계대명사의 단독 생략

(1) 타동사의 목적어

> 선행사 + 목적격 관계대명사 + 주어 + 타동사

- The man (**whom**) I met yesterday is ex-boyfriend.
  내가 어제 만난 남자는 예전 남자친구다.

(2) 전치사의 목적어

> 선행사 + 목적격 관계대명사 + 주어 + 자동사 + 전치사

Basketball is the sport (**which**) I am fond **of**. (관계대명사 생략가능)
Basketball is the sport **of which** I am fond. (전치사 + 관계대명사 : 관계사 생략 불가능)
Basketball is the sport (**that**) I am fond **of**. (관계대명사 that 생략 가능)
Basketball is the sport I am fond **of**. (관계대명사 생략)
농구는 내가 좋아하는 스포츠이다.

✎ 전치사+ 목적격 관계대명사일 경우는 관계대명사 생략이 불가능하다.

B가 C하는 A

121 관계대명사 that

선행사	주격	소유격	목적격	문장에서의 역할
사람	who	whose	who(m)/ 생략가능	형용사절
동물, 사물	which	whose, of which	which/ 생략가능	형용사절
사람, 동물, 사물	that	–	that/ 생략가능	형용사절
사물(선행사 포함)	what	–	what	명사절

읽기를 위한 문법 Point

사람, 사물, 동물 중 두 가지 이상이 선행사인 경우 관계대명사는 반드시 ___ 을 사용한다.

관계대명사 that을 반드시 사용하는 경우	관계대명사 that을 절대 사용할 수 없는 경우
① 선행사가 사람 + 사물 + 동물 경우	① 전치사 + 관계대명사의 경우
② 선행사가 the only, the same, the very, 서수, 최상급, every, all~ 일 경우	② 계속적 용법의 comma 이후

1. 관계대명사 that을 반드시 사용하는 경우

- Look at the picture of a man and a horse **that** are crossing the river.
  강을 건너고 있는 남자와 말의 그림을 보라.
- **All that** glitters is not gold. 반짝이는 것이라고 모두 금은 아니다.
- **Every** boy and girl **that** I know likes me. 내가 아는 모든 소년 소녀는 나를 좋아한다.
- Man is **the only** animal **that** can think. 인간은 사고를 할 수 있는 유일한 동물이다.
- Look at the picture of a man and a horse **that** are crossing the river.
  강을 건너고 있는 남자와 말의 그림을 보라.

2. 관계대명사 that을 절대 사용할 수 없는 경우

- This is the bike **that** I spoke **of**. 이것이 내가 얘기했던 자전거이다.
  ⋯ This is the bike of **that** I spoke. (×) (관계대명사 that 앞에서는 전치사를 쓸 수 없음.)
- Everybody likes the old man, **who** is kind. 모두 노인을 좋아한다. 왜냐하면 그는 친절하기 때문이다.
  ⋯ Everybody likes the old man, that is kind. (×) (계속적 용법의 comma뒤에는 관계대명사 that을 사용할 수 없음)

답 that

122 관계대명사 what

선행사	주격	소유격	목적격	문장에서의 역할
사람	who	whose	who(m)/ 생략가능	형용사절
동물, 사물	which	whose, of which	which / 생략가능	형용사절
사람, 동물, 사물	that	-	that/ 생략가능	형용사절
사물(선행사 포함)	what	-	what	명사절

> **읽기를 위한 문법 Point**
> 선행사를 포함한 관계대명사 what은 '선행사 + what + 불완전한 문장' 로 '_____'으로 해석한다.

1. what의 쓰임
선행사를 포함한 관계대명사로, 문장에서 명사 역할을 하면서 주어, 목적어, 보어로 쓰일 수 있다.

- Show me the thing. + It is in your right pocket.
  그것을 보여주시오.   그것은 당신의 오른쪽 주머니에 있다.
  ⋯▶ Show me **what** is in your right pocket.
  당신 오른쪽 주머니에 있는 것을 내게 보여주시오.

2. what을 포함하는 관용적 표현

(1) what we[you, they] call; what is called; what one calls : 소위, 이른바

- His parents are able to give their children **what is called** a sound education.
  그의 부모님은 그들의 아이들에게 소위 소리교육을 줄 수 있었다.

(2) what one is[was, used to be] : 현재의[과거의] 인격

| what one has : ~의 재산 | what one does : ~의 행위 |

- I owe **what I am** to my mother.
  나는 지금의 나의 모습은 엄마 덕분이다.
- I'm not **what I was[used to be]**.
  나는 예전의 내가 아니다.

답 ~하는 것

123 관계부사

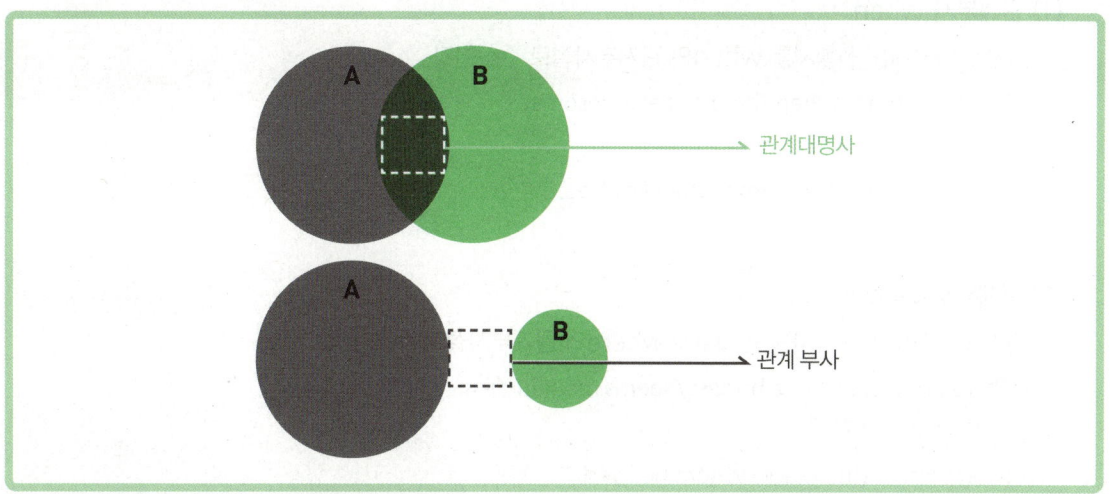

관계대명사

관계 부사

읽기를 위한 문법 Point

관계부사는 시간, 장소, 방법, 이유를 나타내는 선행사를 _____ 한다.

1. 관계부사의 역할

관계부사는 접속사와 부사의 역할을 동시에 하며, 관계부사의 다음 문장은 문장의 주요소가 반드시 갖추어 완전한 문장이 와야 한다. 더해, 관계부사는 전치사 + 관계대명사로 아래와 같이 사용할 수 있다.

선행사	관계부사	전치사 + which = 관계부사
1. 때	when [=that]	at [on, in] which = when
2. 장소	where [=that]	at [on, in] which = where
3. 이유	why [=that]	for which = why
4. 방법	how [=that]	in which = how

전치사 + (대)명사 → 부사	전치사 + 관계대명사 → 관계부사
I live **with happiness**. 나는 행복하게 산다. ⬇ I live **happily**. 나는 행복하게 산다.	There is an old house **at which** I was born. 내가 태어난 오래된 집이 있다. ⬇ here is an old house **where** I was born. 여기 내가 태어난 오래된 집이 있다.

2. 관계부사의 종류

(1) 관계부사 when
시간을 나타내는 선행사를 when의 관계부사절로 수식한다.

- There are times **when** the old feel lonesome.
  노인들이 허전함을 느끼는 때가 있다.
- You may come at the time **when** I'm free.
  내가 한가할 때 당신은 와도 좋다.

(2) 관계부사 where
장소를 나타내는 선행사를 관계부사 where의 관계부사절로 수식한다.

- There are cases **where** honesty seems meaningless.
  정직함이 무의미하게 보이는 경우들이 있다.
- I don't know (the place) **where** he lived.
  나는 그가 어디에 살았는지 모른다.
  ➤ 문장이 완전하고 선행사가 특정한 정보를 갖지 않는 일반적인 경우에는 관계부사를 생략할 수 있다.
- This is the situation **where** I will have nothing to say.
  이것이 내가 아무 말도 못 할 상황이다.
  ➤ 선행사가 직접적인 공간이 아닌 추상적인 공간인 situation, experiment, report, novel 등도 관계부사 where의 선행사가 될 수 있다.

(3) 관계부사 why
이유를 나타내는 선행사를 why의 관계부사절로 수식한다.

- TThere is (the reason) **why** you should go.
  당신이 가야 할 이유가 있다.
  ➤ 관계부사 why의 선행사는 생략될 수 있다.
- I want to know the reason (**why**) you're late.
  나는 네가 늦은 이유를 알기를 원한다.
  ➤ 관계부사 why는 생략해서 사용 가능하다.

(4) 관계부사 how
방법을 나타내는 선행사를 관계부사 how의 절로 수식한다. 단, 선행사 the way와 how는 함께 사용하지 못 한다.

- Do it **the way** you can.
  네가 할 수 있는 방법으로 해라.
- I told her **how** I had opened it.
  나는 그녀에게 그것을 어떻게 열었었는지 말했다.
- I like the way **that** she speaks.
  나는 그녀가 말하는 방식이 마음에 든다.
  ➤ 선행사가 the way인 경우, 관계부사 how대신 관계부사 that을 사용할 수 있다.

124 복합관계사

선행사		복합관계대명사			불완전한 문장
선행사 없음	주격	whoever	whichever	whatever	주어 + 동사
	목적격	whomever	whichever	whatever	주어 + 동사 + 목적어

읽기를 위한 문법 Point

복합관계대명사는 선행사와 관계사가 함께쓰여 '~ever'의 형태로 쓰인다. 이때 '_____'라고 해석한다.

1. 관계대명사

(1) 복합관계사가 이끄는 명사절

- whoever(주격)   anyone who ~하는 어떤 사람도(이든지)
- whomever(목적격)   anyone whom ~하는 사람은 누구나
- whatever   anything that ~하는 어떠한 것도(범위가 정해지지 않은 막연한 것)
- whichever   anything which ~하는 어느 것도(범위가 정해진 선택의 뜻일 때)

- Give it to **whoever** needs it.
  그것을 필요로 하는 그 누구에게라도 그것을 주어라.
- Give the book to **whomever** you like.
  네가 좋아하는 누구에게든 그 책을 주어라.
- I will give you **whatever** you want.
  당신이 원하는 것은 무엇이라도 주겠소.

(2) 복합관계대명사가 이끄는 부사절

- who(m)ever   : no matter who(m)   비록 누가(누구를) ~할지라도
- whichever   : no matter which   비록 어느 것이(것을) ~할지라도
- whatever   : no matter what   비록 ~할지라도

- **Whoever** may come, he won't be welcome. (= No matter who)
  누가 올지라도 환영받지 못할 것이다.
- **Whatever** you may do, do it right now. (= No matter what)
  당신이 무엇을 할지라도 지금 당장 해라.

2. 복합관계부사

(1) 복합관계사가 이끄는 명사절

- whenever : ~할 때는 언제나 / 언제 ~할지라도
- wherever : ~하는 곳은 어디든지 / 어디에 ~할지라도
- however : 아무리 ~일지라도

- I will see him **whenever** he visits us.
  나는 그가 언제든 우리를 방문할 때 그를 볼 것이다.

- You may stay **wherever** you like to stay.
  당신은 당신이 머물고 싶은 곳이면 어디든 머물 수 있다.

- **However** long it takes, I will wait for you.
  얼마나 오래 걸리든지 간에, 나는 당신을 기다릴 것이다.

- **However** much you study, you need to take breaks.
  아무리 많이 공부하더라도, 휴식을 취해야 한다.

  cf. The plan seems perfect. However, it has some flaws.
  그 계획은 완벽해 보인다. 하지만 몇 가지 결함이 있다.

  ✎ however는 단독으로 쓰일 때, 접속부사로 '그러나'의 의미를 갖는다.

~이든지, 라도

 M·E·M·O

CHAPTER 17
Exercise

알맞은 것을 고르세요.

01 Jane is a girl **(who / which)** wrote the book.

02 He has a son **(who / whose / whom)** is named Tom.

03 Here is a house **(who / whose / which)** roof is red.

04 I don't know the day **(which / when)** they gave up the match.

05 This is exactly **(that / what)** I've been looking for.

빠른 정답 Check ✓

01 who
02 who
03 whose
04 when
05 what

CHAPTER 17
Exercise 정답 및 해설

01

해설 선행사가 a girl이고 뒤따라오는 문장에서 주어가 생략되었으므로 사람을 선행사로 갖는 주격 관계대명사 'who'가 정답이다.

구문분석 Jane / is / a girl / who / wrote / the book.
　　　　　 S　 V　 S.C　　　　 V　　 O

직독직해 Jane은 / 이다 / 한 소녀 / [관계대명사] / 썼었다 / 그 책을

해석 Jane은 그 책을 썼었던 한 소녀이다.

02

해설 선행사가 a son이고 뒤따라오는 문장에서 주어가 생략되었으므로 사람을 선행사로 갖는 주격 관계대명사 'who'가 정답이다.

구문분석 He / has / a son / who / is named / Tom.
　　　　　 S　 V　　 O　　　　　 V　　　 O.C

직독직해 그는 / 가지고 있다 / 아들을 / [관계대명사] / 이름을 가졌다 / Tom

해석 그는 Tom이라는 이름을 가진 아들이 있다.

03

해설 선행사가 a house이고 뒤따라오는 문장에서 소유격이 생략되었으므로 사물을 선행사로 갖는 소유격 관계대명사 'whose'가 정답이다.

구문분석 (Here) is / a house / whose / roof / is / red.
　　　　　　　 V　　　 S　　　　　　 S　 V　 S.C

직독직해 (여기에) 있다 / 집이 / [관계대명사] / 지붕이 / ~이다 / 붉은색인

해석 지붕이 붉은색인 집이 있다.

04

해설 선행사가 the day이고 뒤따라오는 문장이 완전하므로 관계부사 'when'이 정답이다.

구문분석 I / don't know / the day / when / they / gave up / the match.
　　　　　 S　　 V　　　　 O　　　　　　 S　　　 V　　　　 O

직독직해 나는 / 알지 못했다 / 그 날을 / [관계부사] / 그들이 / 포기했었다 / 그 경기를

해석 나는 그들이 그 경기를 포기했었던 그 날을 알지 못했다.

05

해설 선행사가 존재하지 않고 뒤따라오는 문장에서 전치사 for의 목적어가 생략되었으므로 선행사를 포함하는 관계대명사 'what'이 정답이다.

구문분석 This / is (exactly) what / I / 've been looking / for.
　　　　　 S　　 V　　　　　　　　 S　　　　 V

직독직해 이것은 / 이다 (정확하게) 것 / [관계대명사] / 나는 / 찾고있는 중이다 / ~을 위해서

해석 이것이 바로 내가 찾고 있었던 것이다.

CHAPTER 18 도치와 강조

우리가 일상생활을 하면서 대화를 통한 강조를 하기 위해서는 크게 말한다거나 아니면 동작 등을 이용해서 얼마든지 강조가 가능하다. 하지만, 글로 쓰는 경우 이와 같은 식의 강조는 불가능하다. 그렇다면 글 속에서 필자의 생각을 강조하기 위한 도구들은 어떤 것들이 있는지 이번 장에서 잡아가자! 도치 역시 문장에서 여러 가지 요소 등을 강조하는 표현 중에 하나이다. 도치가 이뤄지면 주어와 동사 사이에 위치 변동이 오게 된다. 이런 도치 유형에 대한 문제로는 작문 등의 주관식이 가능하지 않은 시험에서는, 간접적인 방법으로 묻게 된다. 이것이 바로 도치된 문장에서 주어와 동사의 일치 사항이다.

125 무조건 도치

126 조건 도치

127 it that 강조 용법

128 So/Neither 동사 주어 표현

125. 무조건 도치

부정 부사	어순
never little hardly scarcely rarely barely seldom not only no sooner only 부사어구	be동사 + 주어 ~
	조동사 + 주어 + 동사원형~
	do/does/did + 주어 + 동사원형~
	have/has/had + 주어 + p.p. ~

읽기를 위한 문법 Point

문두로 부정어를 ___ 하면, 뒤 따라오는 문장의 어순이 의문문 어순의 도치된 형태로 변한다.

1. 부정어 도치

- I little dreamed that I should never see my sister again.
  - **Little did I dream** that I should never see my sister again.
    언니를 다시는 못 볼 것이라 꿈에도 생각하지 않았다.
    ✎ 부정어 little이 문두로 강조되면서 뒤따라오는 문장의 어순은 의문문 어순으로 도치된다.

- I never thought of studying.
  - **Never did I think** of studying.
    공부는 절대 생각하지 않았다.
    ✎ 부정어 never이 문두로 강조되면서 뒤따라오는 문장의 어순은 의문문 어순으로 도치된다.

2. only 부사어구 도치

- His young son understood only slowly that the fire was in his own house.
  - **Only slowly did his young son understand** that the fire was in his own house.
    그의 어린 아들은 집에 불이 났다는 사실을 오직 천천히 알아차릴 수 있었다.
    ✎ 부사구 Only slowly가 문두로 강조되면서 뒤따라오는 문장의 어순은 의문문 어순으로 도치된다.

강조

126 조건 도치

	장소 방향의 부사구	
up down in out away behind along among on	동사	주어
	대명사 주어	동사

읽기를 위한 문법 Point

장소의 부사구가 문장의 맨 앞으로 ___ 하면, 뒤따라오는 문장의 어순이 '동사 + 주어'로 도치 된다.
단, 대명사 주어의 경우는 강조 이후, 도치가 불가하므로 '대명사주어 + 동사' 어순 그대로 사용한다.

1. 장소 방향의 부사구

- The new policy by the government was among the topics.
  정부에 의한 새로운 정책이 주제 중에 있다.
  → **Among the topics** was the new policy by the government
  ✎ 장소의 부사구 Among the topics 문두로 강조되면서 뒤따라오는 문장의 어순은 '동사 + 주어'의 어순으로 도치된다.

- It stands on the hill.
  그것은 언덕에 있다.
  → **On the hill** it stands.
  ✎ 장소의 부사구 On the hill이 문두로 강조되면서 뒤따라오는 문장의 어순은 '동사 + 주어'의 어순으로 도치된다.
  → On the hill stands it. (×)

  Top tip ★ 장소와 방향의 부사구가 문장의 맨 앞에 오는 경우일지라도, 대명사가 주어인 경우 도치는 일어날 수 없다는 점에 주의하자.

2. There/Here 유도부사 구문

- A tall tree stands (there) in the middle of the garden.
  → **There stands a tall tree** in the middle of the garden.
  정원 한가운데에 큰 나무가 서 있다.
  ✎ 부사 There가 문두로 강조되면서, 뒤따라오는 문장의 어순은 '동사 + 주어'의 어순으로 도치된다.

- The bus comes here.
  → **Here comes the bus.**
  버스가 옵니다.
  ✎ 부사 Here가 문두로 강조되면서, '동사 + 주어'의 어순으로 도치된다.

강조

127. It ~ that 강조 용법

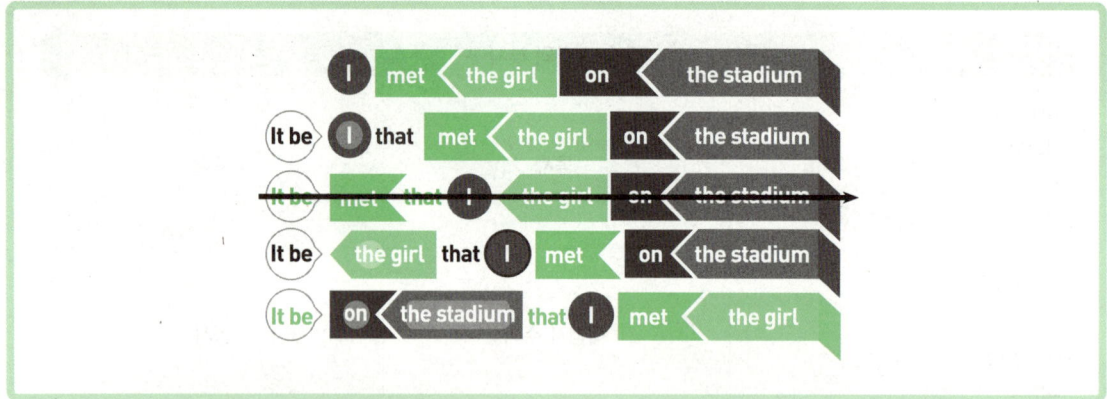

> **읽기를 위한 문법 Point**
> it~ that 사이에 자리한 내용이 글쓴이가 가장 ___ 하고자 하는 내용이므로 해석에 주의해야 한다.

1. it that 강조 용법

(1) 주어 I를 강조하는 경우
- **It was** I **that** met the girl on the stadium.
  오늘 아침 공원에서 그 소녀를 만난 사람은 바로 나였다.

(2) 목적어 the girl을 강조하는 경우
- **It was** the girl **that** I met on the stadium.
  오늘 아침 내가 공원에서 만난 사람은 그 소녀이었다.

(3) 장소의 부사구 on the stadium을 강조하는 경우
- **It was** on the stadium **that** I met the girl.
  오늘 아침 내가 그 소녀를 만난 곳은 공원에서였다.

2. 동사 강조 용법

동사의 강조는 일반적인 it ~that 강조 용법으로 할 수 없으며, 아래와 같은 방식으로 가능하다.

(1) 동사 강조 really
- I **really** met the girl on the stadium.
  나는 정말로 그 소녀를 운동장에서 만났다.

(2) 동사 앞에서 동사를 강조하는 do[does/did]
- I **did** meet the girl on the stadium.
  나는 정말로 그 소녀를 운동장에서 만났다.
- I **do** think that you are right.
  나는 정말로 당신이 옳다고 생각한다.

강조

Visual Grammar

128 So/Neither 동사 주어 표현

긍정문	So	be동사 + 주어	또한 ~하다
		조동사 + 주어	
		do/does/did + 주어	
		have/has/had + 주어	
부정문	Neither	be동사 + 주어	또한 ~하지 않다
		조동사 + 주어	
		do/does/did + 주어	
		have/has/had + 주어	

읽기를 위한 문법 Point

'so + 동사 + 주어'는 _____ 로, 'neither + 동사 + 주어'는 _____ 로 해석한다.

1. be 동사인 경우

- He was happy.
  그는 행복했다.
  ⋯▸ **So was I./So was she.**
  나도 그랬어./그녀도 그랬어.

2. 일반동사인 경우

- He speaks French.
  그는 프랑스어를 한다.
  ⋯▸ **So do I./So does she.**
  나도 그래./그녀도 그래.

3. 조동사인 경우

- He can swim well.
  그는 수영을 잘 할 수 있다.
  ⋯▸ **So can I/So can she.**
  나도 할 수 있어/그녀도 할 수 있어.

4. 완료인 경우

- He has been in the shopping mall.
  그는 그 쇼핑몰에 가본 적이 있다.
  ⋯▸ **So have I./So has she.**
  나도 가봤어/그녀도 가봤어.

1. be 동사인 경우

- He was not happy.
  그는 행복하지 않았다.
  ⋯▸ **Neither was I./ Neither was she.**
  나도 그렇지 않았어./ 그녀도 그렇지 않았어.

2. 일반동사인 경우

- He does not speak French.
  그는 프랑스어를 하지 않는다.
  ⋯▸ **Neither do I. /Neither does she.**
  나도 그렇지 않다. 그녀도 그렇지 않다.

3. 조동사인 경우

- He cannot swim well.
  그는 수영을 잘 하지 못한다.
  ⋯▸ **Neither can I. /Neither can she.**
  나도 그렇지 않다. 그녀도 그렇지 않다.

4. 완료인 경우

- He has not been in the shopping mall.
  그는 그 쇼핑몰에 가본 적이 없다.
  ⋯▸ **Neither have I. /Neither has she.**
  나도 그렇지 않다. 그녀도 그렇지 않다.봤어/그녀도 가봤어

또한 ~하다, 또한 ~하지 않다

CHAPTER 18
Exercise

> 다음 문장에서 강조된 부분을 찾아 밑줄 치시오.

01 Down the hill rolled the cart.

02 In the corner of the room stood an old desk.

03 Only after the meeting did I understand the problem.

04 It was the job offer that she had been waiting for.

05 It was John who completed the report ahead of schedule.

빠른 정답 Check ✓

01 Down the hill
02 In the corner of the room
03 Only after the meeting
04 the job offer
05 John

258 Visual Grammar

CHAPTER 18
Exercise 정답 및 해설

01
[해설] 주어진 문장은 장소의 부사구 'Down the hill'이 강조되어 뒤따라온 문장이 도치된 문장이다.
[구문분석] (Down the hill) rolled / the cart.
　　　　　　　　　　　　　　V　　S
[직독직해] (산 아래로) 구르고 있었다 / 수레가
[해석] 수레가 산 아래로 구르고 있었다.

02
[해설] 주어진 문장은 장소의 부사구 'In the corner of the room'이 강조되어 뒤따라온 문장이 도치된 문장이다.
[구문분석] (In the corner of the room) stood / an old desk.
　　　　　　　　　　　　　　　　　　　　　V　　　　S
[직독직해] (방의 한 코너에) 서 있었다 / 오래된 책상이
[해석] 방의 한 코너에 오래된 책상이 서 있었다.

03
[해설] 주어진 문장은 Only 부사구 'Only after the meeting'이 강조되어 뒤따라온 문장이 도치된 문장이다.
[구문분석] (Only after the meeting) did / I / understand / the problem.
　　　　　　　　　　　　　　　　　　V'　S　　V　　　　　O
[직독직해] 회의를 마친 후에야 / 나는 / 이해했다 / 그 문제를
[해석] 회의를 마친 후에야 그 문제를 이해했다.

04
[해설] 주어진 문장은 「It ~ that」 강조용법이 사용된 문장으로 'the job offer'를 강조하고 있다.
[구문분석] It / was / the job offer / that / she / had been waiting for.
　　　　　　S　 V　　　S.C　　　　　　　　S　　　　V
[직독직해] 그것은 / ~이다 / 일자리 제안 / [목적격관계대명사] / 그녀가 / 기다리던
[해석] 그것은 그녀가 기다리던 일자리 제안이었다.

05
[해설] 주어진 문장은 「It ~ that」 강조용법이 사용된 문장으로 'John'을 강조하고 있다.
[구문분석] It / was / John / who / completed / the report (ahead of schedule).
　　　　　　S　 V　　S.C　　　　　　　V　　　　　O
[직독직해] 그것은 / ~이다 / John / [주격관계대명사] / 완성했다 / 보고서를 (예정보다 빨리)
[해석] 존이 예정보다 빨리 보고서를 완성했다.

 M・E・M・O

문법 Visual G　　　　　　　　　　　　　　　　　　　　　ISBN 979-11-94613-41-1

발행일	2017년 12월 1일	초판 1쇄	
	2024년 7월 23일	2판 1쇄	
	2025년 4월 1일	2쇄	
	5월 9일	3판 1쇄	

저 자	성정혜
발행인	이용중
발행처	(주)배움출판사
주 소	서울시 영등포구 영등포로 400 신성빌딩 2층(신길동)
주문 및 배본처|Tel. 02) 813-5334	Fax. 02) 814-5334

본서는 저작권법 보호대상으로 무단복제(복사, 스캔), 배포, 2차 저작물 작성에 의한 저작권 침해를 금합니다.
또한 저작권법 제136조에 따라 5년 이하의 징역 또는 5천만 원 이하의 벌금에 처하거나 이를 병과할 수 있으며, 저작권법 제125조에 따라 1억 원 이상의 손해배상책임이 발생할 수 있습니다.

• **저작권 침해 제보** baeoom1@hanmail.net, 전화 02) 813-5334

정가 22,000원